中國學術思想 研究輯刊

二一編

林慶彰 主編

第 15 冊

王陽明思想再評價
——以成聖之道爲中心的考察

王建宏 著

花木蘭文化出版社

國家圖書館出版品預行編目資料

王陽明思想再評價——以成聖之道為中心的考察／王建宏 著
-- 初版 -- 新北市：花木蘭文化出版社，2015〔民 104〕
序 4+ 目 4+176 面；19×26 公分
（中國學術思想研究輯刊 二一編：第 15 冊）
ISBN 978-986-404-055-1（精裝）
1.（明）王守仁 2. 學術思想 3. 陽明學
030.8   103027157

ISBN-978-986-404-055-1

9 789864 040551

中國學術思想研究輯刊
二一編　第十五冊　　　　　　　　ISBN：978-986-404-055-1

王陽明思想再評價
——以成聖之道爲中心的考察

作　　者　王建宏
主　　編　林慶彰
總 編 輯　杜潔祥
副總編輯　楊嘉樂
編　　輯　許郁翎
出　　版　花木蘭文化出版社
社　　長　高小娟
聯絡地址　235 新北市中和區中安街七二號十三樓
　　　　　電話：02-2923-1455／傳眞：02-2923-1452
網　　址　http://www.huamulan.tw 信箱 hml 810518@gmail.com
印　　刷　普羅文化出版廣告事業
封面設計　劉開工作室
初　　版　2015 年 3 月
定　　價　二一編 27 冊（精裝）台幣 50,000 元　　　版權所有·請勿翻印

王陽明思想再評價
——以成聖之道爲中心的考察

王建宏　著

作者簡介

王建宏（1975～2010），陝西省咸陽市旬邑縣鄭家鎮人。1993年畢業於旬邑縣一中，入西北大學文學院新聞學專業，1997年畢業，獲文學學士學位。同年進入西部機場集團工作。1999年至2002年就讀於西北大學中國思想文化研究所，師從方光華教授，獲歷史學碩士學位，學位論文爲《從內聖外王到心性論──〈大學〉流變初探》。畢業後在西部機場集團工作。2006年考入西北大學中國思想文化研究所，師從張豈之教授研習宋明理學史，2009年獲歷史學博士學位，學位論文爲《王陽明思想再評價──以成聖之道爲中心的考察》。同年進入西北大學哲學與社會學院任講師。2010年12月9日因病去世，年僅35歲。

提　要

　　王陽明（1472～1529）是心學的集大成者。對王陽明思想的評價，是理學研究的重要內容。但長期以來，在對王陽明思想的評價上，存在套用西方模式的現象，沒有反映出陽明作爲十六世紀中國思想家的特色。另一種常見的做法是，對王陽明思想個別命題進行抽繹，將陽明思想抽象爲心即理、知行合一、致良知等命題，分別詮釋，缺乏對陽明思想整體的把握和認識。

　　本文在前人研究的基礎上，以成聖之道爲切入點，對已有成果進行梳理檢討，力求在把握陽明思想之整體的基礎上，採用思想史和社會史研究相結合以及「問答邏輯」的方法，對王陽明思想重新做一評價。王陽明的聖人觀與此前儒學史上聖人觀念的最大不同在於，否定知識性路徑，將「其心純乎天理」作爲聖人的唯一標準，成聖的根據是人人心中自有的「良知」。從成聖之道的角度看，「心即理」命題是王陽明對成聖本體論的證明。誠意（包括事上磨練和知行合一）和致良知則是王陽明探索提出的成聖工夫論。「萬物一體之仁」是王陽明對於聖人境界的直接描述。

　　在此基礎上，本文歸納提出王陽明思想的幾個特點。分別是：主體性，以成聖之道爲例，王陽明強調主體自身能夠自我完備、自我實現；過程性，強調關係，強調在具體的情景、具體的關係中展開的理、與具體的事物聯繫在一起的理，而不是抽象的、不變的理，這是王陽明思想的又一大特色；啓蒙性，否定外在的「理」，也否定了外在的權威和經典的無上地位，確立了主體的地位；極端的道德價值本位立場，王陽明把聖人觀念徹底道德化，體現出了極端道德價值立場；唯意志論色彩，突出強調主體的活動性、自決性和非實體性，賦予意志以極端重要的地位。

序

　　王建宏是我指導獲得博士學位的，現在他的博士學位論文即將由臺灣花木蘭文化出版社出版，這是對一位早逝的學人最好的紀念。

　　王建宏出生在陝西省旬邑縣一個普通農家，父母都是勤勞淳樸的農民。1993 年，他考取西北大學文學院新聞學專業，在本科學習過程中，聽西北大學中國思想文化研究所幾位年輕教師講課，逐漸對中國傳統文化產生了濃厚的興趣。大學畢業後，他找到一份工作，利用業餘時間潛心自修中國思想史專業基礎課程。

　　1999 年，他被西北大學中國思想文化研究所錄取，成為一名碩士研究生，開始接受系統的中國思想文化史訓練，經過 3 年，完成了碩士階段的學習。他的碩士學位論文是：《從內聖外王到心性論——〈大學〉流變初探》。論文從《大學》文本出發，探討《大學》對早期儒家學說的繼承與發展。隨後，從韓愈、李翱、程顥、程頤、司馬光、朱熹、王陽明等人著作入手，通過比較他們對《大學》的不同解釋，揭示儒家學者學術觀點的變遷，即從內聖外王到心性論的轉變，以求對儒學發展的歷史和特質有所認識。

　　這篇論文尚有待深化，但它卻促使建宏對儒學思想史進行了一次比較系統的學習和考察。取得碩士學位後，他沒有放棄對中國思想史的興趣，沿著《大學》提出的「三綱領」與「八條目」的思路，特別是其中格物致知、正心誠意的部分，開始思考佛教心性論融入宋明理學的契機以及宋明理學心性論的確立。

　　經過幾年的努力，建宏於 2006 年考取中國思想文化研究所博士研究生，跟隨我繼續對中國思想文化史進行深入的研習。這期間他對理學心性論特別

是陽明心學產生了濃厚的興趣。2007 年，他選定博士論文：《王陽明思想再評價——以成聖之道爲中心的考察》，力求對王陽明學術思想做全面的論述。博士論文的寫作非常辛苦，對建宏來說更是如此，除了讀書思考之外，他需要繼續工作，因爲他還有妻子和年幼的女兒需要照顧。他每日早出晚歸，隨身背著的包裹放著陳榮捷先生編著的《傳習錄詳注集評》或一兩本關於宋明理學的學術著作。2008 年底博士論文寫作的最後階段，他向單位請假，搬到學校博士生公寓裏專心寫作。2009 年三四月間，正當西大太白校區圖書館門前玉蘭花盛開的時候，建宏交出了博士論文的初稿。

他的論文在前人研究的基礎上，從新視角對王陽明思想做了較爲全面的研究。指出「成聖」問題是貫穿王陽明一生的核心問題，圍繞成聖之道，王陽明進行了艱苦的理論探索。建宏認爲，對王陽明思想的評價需要聯繫這一核心問題來進行。經過分析，他認爲王陽明思想有階段性（強調關係，強調在具體的情景、具體的關係中展開的理，與具體的事物聯繫在一起的理，而不是抽象的理）、平等性（人人皆有良知，都具備成聖的潛質，每個人內在的良知是成聖的根據和依靠）、啓蒙性（突出主體意識，強調「吾性自足」「自有擔當」，對獨立精神給予肯定）的特點，同時也帶有極端的道德價值本位立場和唯意志論色彩。綜合這些特點，建宏的論文將「成聖」之道視爲陽明思想的主題，從整體上闡述了陽明思想。在分析中既有宏觀視野，也有細緻的分析，是一篇紮實的思想史論文，是建宏十餘年學習思想文化史交出的一份答卷。

2009 年取得歷史學博士學位後，建宏決心辭去原先的工作，同年八月，他進入西北大學哲學與社會學院，成爲一名教師，這是他一直以來夢寐以求的。

然而，僅僅過了一年時間，2010 年七八月間，他便被查出患有肺癌，9月在西安唐都醫院接受了一次大手術，切除肺部的癌瘤。從知道自己罹患重病的那一刻起，建宏都是以一種豁達的態度對待生死，他在病榻上除了翻看自己喜愛的王陽明著作，又多了《莊子》一書，手機裏還存著列夫·托爾斯泰《伊凡·伊里奇之死》的電子書。也許這段日子他對陽明心學、對中國傳統文化、對生命又有了更深的感悟，只是已經來不及形諸文字了。2010 年 12月 9 日晚，他在唐都醫院因搶救無效而去世，年僅 35 歲。我記得，那時我剛從新加坡回到北京機場，在手機裏聽到這個噩耗，使我傷心。

　　一位年青的學人就這樣走了，但他在中華傳統文化的精神家園中耕作過，結出了一顆果實，這應當是十分珍貴的。我推薦他的博士論文在臺灣出版，讓更多的學人知道他在學術園地初步耕作的收穫。是為序。

張豈之

2014 年 10 月 25 日

於西安市西北大學

目

次

導　言

　　陽明學是宋明理學研究的主要課題，正是宋明理學尤其是陽明學，構成了儒學現代建構以及日本、臺灣等東亞地區實現近代化的主要傳統精神資源和直接動力。無論從思想史研究的學術要求還是從傳統文化對當代的作用來看，陽明學的研究都是一項重要的課題。

　　對王陽明思想的評價，是陽明學乃至整個理學研究的重要內容。王陽明是心學的集大成者。但長期以來，在對王陽明思想的評價上，存在套用西方模式的現象：或根據蘇聯模式，將王陽明定義爲極端的主觀唯心主義者；或根據西方哲學，將陽明與西方個別哲學家比附，例如有人將陽明定義爲存在主義哲學家等，沒有反映出陽明作爲十六世紀中國思想家的特色。另一種常見的現象是，對陽明思想個別命題進行抽繹，將陽明思想抽象爲心即理、知行合一、致良知等命題，分別詮釋，缺乏對陽明思想整體的把握和認識。

　　對王陽明思想的評價，實際上是涉及當代如何對待中國傳統思想、如何發掘傳統思想之特質，更進一步而言是如何解決民族文化的時代性與普遍性之關係、如何解決現代與傳統關係這一重要問題。本研究擬在前人研究的基礎上，以成聖之道爲切入點，對已有成果予以梳理檢討，力求在把握陽明思想之整體的基礎上，對王陽明思想重新做一評價，以此促進對理學乃至整個傳統文化的認識。

一、研究現狀

　　現代學術視野下的對王陽明思想的評價，大致分爲五個階段 [註1]：

〔註 1〕 參見彭國翔：《當代中國的陽明學研究：1930～2003 年》，《哲學門》第五卷
　　　　（2004）第一冊，武漢：湖北教育學院，2004 年。

1、1949年以前

民國時代關於王陽明思想的研究，正式出版的有謝無量《陽明學派》〔註2〕、賈豐臻《陽明學》〔註3〕、胡哲敷《陸王哲學辨微》〔註4〕、宋佩緯《王陽明與理學》〔註5〕、梁啓超《王陽明知行合一之教》〔註6〕、嵇文甫《左派王學》〔註7〕以及錢穆《王陽明》〔註8〕等，在容肇祖《明代思想史》〔註9〕和嵇文甫的《晚明思想史論》〔註10〕中，對王陽明思想的研究是其重點。其後，馮友蘭《中國哲學史》〔註11〕、范壽康《中國哲學史通論》〔註12〕等都對陽明思想有所涉及。

上述著作特別是關於陽明思想研究的專著基本都站在傳統學術的立場上評說心學，所依據的材料多限於《明儒學案》，分析討論深度不夠。另外，上述著作都試圖在中西比較的背景下用現代學術語言闡明陽明學的內涵，但涉及的西方哲學部分多限於援引名詞術語，對西方哲學的深層次吸收不足。同時期出現了重要的學術論文集如賀麟的《知行合一新論》〔註13〕等，認爲陽明提出知行合一說，是爲道德修養或者致良知的工夫建立理論的基礎。

2、從1949年到上世紀80年代前

這一階段整個中國哲學的研究陷入政治化、教條化、簡單化的局面，兩條路線、兩個陣營的鬥爭充斥了各種哲學著作。這一時期出版的重要著作有侯外廬等《中國思想通史》〔註14〕、任繼愈主編《中國哲學史》〔註15〕等，對王陽明思想的評價，多從階級論出發，把他定義爲地主階級的衛道士和代

〔註2〕 謝無量：《陽明學派》，上海：中華書局，1926年。

〔註3〕 賈豐臻：《陽明學》，上海：商務印書館，1930年。

〔註4〕 胡哲敷：《陸王哲學辨微》，上海：中華書局，1930年。

〔註5〕 宋佩緯：《王陽明與理學》，上海：商務印書館，1931年。

〔註6〕 梁啓超：《王陽明知行合一之教》，上海：中華書局《飲冰室合集》，《文集》36，1936年。

〔註7〕 嵇文甫：《左派王學》，重慶：商務印書館，1944年。

〔註8〕 錢穆：《王陽明》，重慶：商務印書館，1947年。

〔註9〕 容肇祖：《明代思想史》，上海：開明書店，1941年。

〔註10〕 嵇文甫：《晚明思想史論》，重慶：商務印書館，1944年。

〔註11〕 馮友蘭：《中國哲學史》，北京：商務印書館，1934年。

〔註12〕 范壽康：《中國哲學史通論》，上海：開明書店，1936年。

〔註13〕 賀麟：《近代唯心論簡釋》，重慶：獨立出版社，1943年，頁51～86。

〔註14〕 侯外廬等：《中國思想通史》，北京：人民出版社，1960年。

〔註15〕 任繼愈主編：《中國哲學史》，北京：人民出版社，1964年。

言人，認爲王陽明是主觀自我膨脹。這些研究論著強調社會存在對於思想家思想形成的影響，對於瞭解思想命題的意義有非常大的作用，但過於直接地把思想家的社會身份特別是階級地位與所持有的思想觀點聯繫起來，對思想命題的普遍性意義考察和發掘不夠。

　　同一時期，港臺地區在王陽明思想的研究上取得了一定成績。牟宗三《王陽明致良知教》〔註16〕和《從陸象山到劉蕺山》〔註17〕、張君勱《王陽明》〔註18〕、蔡仁厚《王陽明哲學》〔註19〕等，能夠把王陽明哲學放在世界哲學的參照系中進行評價，並注意吸收西方哲學成果進行分析。新儒學對陽明的評價，突出西方哲學比如康德哲學概念範疇的普適性，跳不出心性論的圈子，對內聖開出新外王過於強調和自信。秦家懿《王陽明》〔註20〕對陽明思想基本結構和精神方向做了分析和把握，重視發掘陽明思想的宗教學價值。

3、上世紀 80 年代的王陽明研究

　　80 年代，在王陽明研究方面突破了教條主義，出現了一大批研究成果。侯外廬、邱漢生、張豈之主編的《宋明理學史》（下）〔註21〕，根據對王陽明思想不同階段的劃分，從「心即理」、「知行合一」、「致良知」三個方面討論陽明思想，特別注意到了陽明思想的禪學來源，對王陽明思想研究做出了開創性的貢獻。蒙培元《理學的演變》〔註22〕和《理學範疇系統》〔註23〕、張立文《宋明理學研究》〔註24〕、賈順先《宋明理學新探》〔註25〕、都試圖從陽明自我表述的範疇命題出發來詮釋其內在涵義，沈善洪、王鳳賢《王陽明哲學研究》〔註26〕、張錫勤等《陽明心學初探》〔註27〕、方爾加《王陽明心

〔註16〕 牟宗三：《王陽明致良知教》，臺北：中央文物供應社，1980 年。

〔註17〕 牟宗三：《從陸象山到劉蕺山》臺北：學生書局，1984 年。

〔註18〕 張君勱：《王陽明》，原文爲英文，後由江日新譯爲中文，1991 年由臺北東大圖書公司出版。

〔註19〕 蔡仁厚：《王陽明哲學》，臺北：三民書局，1974 年。

〔註20〕 秦家懿：《王陽明》，臺北：東大出版社，1987 年。

〔註21〕 侯外廬、邱漢生、張豈之主編：《宋明理學史》（下），北京：人民出版社，1986 年。

〔註22〕 蒙培元：《理學的演變》，福州：福建人民出版社，1984 年。

〔註23〕 蒙培元：《理學範疇系統》，北京：人民出版社，1998 年。

〔註24〕 張立文：《宋明理學研究》，北京：中國人民大學出版社，1985 年。

〔註25〕 賈順先：《宋明理學新探》成都：四川人民出版社，1987 年。

〔註26〕 沈善洪、王鳳賢：《王陽明哲學研究》，杭州：浙江省人民出版社，1981 年。

〔註27〕 張錫勤等：《陽明心學初探》，哈爾濱：黑龍江人民出版社，1982 年。

學研究》〔註 28〕、楊國榮《王學通論——從王陽明到熊十力》〔註 29〕都試圖擺脫舊有範式，體現出新的探索精神。鄧艾民《朱熹王守仁哲學研究》〔註 30〕對陽明思想的研究深入細緻，在對陽明思想的評價上，突出了學術標準，注重闡發其哲學意義。在資料整理上，陳榮捷的《王陽明傳習錄詳注集評》〔註 31〕彙聚多家注解，作者做了大量細緻的考證工作，並做了中肯的評價，爲深入研究王陽明思想提供了一個較好的文本。

4、上世紀 90 年代的王陽明研究

重要著作有徐梵澄《陸王學述——一系精神哲學》〔註 32〕、陳來《有無之境——王陽明哲學的精神》〔註 33〕、楊國榮《心學之思：王陽明哲學的闡釋》〔註 34〕、張祥浩《王守仁評傳》〔註 35〕、畢誠《儒學的轉折》〔註 36〕、丁爲祥的《實踐與超越：王陽明哲學的詮釋、解析與評價》〔註 37〕等。在材料整理上，鄧艾民《傳習錄注疏》〔註 38〕注意將《傳習錄》與王陽明其他著作聯繫起來互相印證，對瞭解王陽明思想有很大幫助。

徐梵澄《陸王學述——一系精神哲學》從純哲學的層面闡發心學，對心學與歐洲人文主義的內涵進行了區別，認爲王陽明與孔孟朱陸一樣集此前學術大成，龍場之悟是徹悟彌漫宇宙人生的知覺本體。劉宗賢的《陸王心學研究》〔註 39〕全面闡述了心學發展的歷程、特色及相互關係。認爲心學不僅對儒家固有哲理有所發揮，而且也發展了道家的學說，王氏「致良知」的實踐道德論是心學理論的最高形態。

陳來《有無之境》以理性主義到存在主義的轉向爲視角來把握從宋代理

〔註 28〕 方爾加：《王陽明心學研究》，長沙：湖南教育出版社，1989 年。

〔註 29〕 楊國榮：《王學通論——從王陽明到熊十力》，上海：上海三聯書店，1990 年。

〔註 30〕 鄧艾民：《朱熹王守仁哲學研究》，上海：華東師範大學出版社，1989 年。

〔註 31〕 陳榮捷：《王陽明傳習錄詳注集評》，臺北：學生書局，1983 年。本書凡引《傳習錄》中的材料，將依據陳著立定條目，徑標條目數，特此注明。

〔註 32〕 徐梵澄：《陸王學述——一系精神哲學》，上海：上海遠東出版社，1994 年。

〔註 33〕 陳來：《有無之境——王陽明哲學的精神》，北京：人民出版社，1991 年。

〔註 34〕 楊國榮：《心學之思：王陽明哲學的闡釋》，北京：三聯書店，1997 年。

〔註 35〕 張祥浩：《王守仁評傳》，南京：南京大學出版社，1997 年。

〔註 36〕 畢誠：《儒學的轉折》，北京：教育科學出版社，1992 年。

〔註 37〕 丁爲祥：《實踐與超越：王陽明哲學的詮釋、解析與評價》，西安：陝西人民出版社，1994 年。

〔註 38〕 鄧艾民：《傳習錄注疏》，臺北：佛光出版社，2000 年。

〔註 39〕 劉宗賢：《陸王心學研究》，濟南：山東人民出版社，1997 年。

學到陽明心學的演變，通過將「有我之境」與「無我之境」發展爲普遍性的範疇，揭示出王陽明哲學有無合一的精神境界。楊國榮《心學之思：王陽明哲學的闡釋》認爲王陽明將萬物一體說引入群己關係之域，將仁愛惻隱之心理解爲主體間溝通的心理情感基礎，把仁道原則具體化於交往形式，對合理的交往原則有很高的價值。兩部著作都注意從中西比較的角度闡釋王陽明思想，但都強調了共性，著力闡發陽明哲學的普遍意義，用西方術語解釋中國思想，對中國思想家的特性重視不夠，對中國思想的特性揭示不足。

　　同一時期，邢東風、孔令宏、錢明等學人開始探究陽明心學與禪學、道家道教的關係。總的來看，對心學與禪學之間的關係，多限於對價值趨向異同的探討；對心學與道家道教的關係的探討，多限於對陽明接觸道士經歷的考辯，眞正從思想內容上探究的論文不多。

　　同時，有學人開始從比較深入的中西比較的角度研究王陽明思想，在比較中把握陽明思想的特點，在這方面出現了一批高質量的研究論文。張世英認爲王陽明的「人心」與海德格爾的「此在」相類似〔註40〕。王志成對王陽明和聖保羅的良知學說作了嘗試性的比較探討〔註41〕，方國根《湛若水心學思想的理論特色——兼論湛若水與陳獻章、王陽明心學的異同》〔註42〕從理論上考察得出了王陽明心學的特點。李甦平從心學的根據、範疇與價值三方面對王陽明與石田梅岩的心學思想做了比較〔註43〕。

5、本世紀以來的王陽明研究

　　進入新世紀，王陽明哲學的研究呈現出重視對個別命題進行深入分析的趨勢，這一點在大陸和港臺的研究成果中都有所反應。這方面的研究著作有黃信二《王陽明「致良知」方法論研究》〔註44〕、胡永中《致良知論——王陽明去惡思想研究》〔註45〕、陳立勝《王陽明萬物一體論》〔註46〕等。

〔註40〕張世英：《進入澄明之境》，載《學術月刊》1997年第1期。
〔註41〕王志成：《試論王陽明和聖保祿的良知學說》，載《浙江學刊》1995年第4期。
〔註42〕方國根：《湛若水心學思想的理論特色——兼論湛若水與陳獻章、王陽明心學的異同》，載《哲學研究》2000年第10期。
〔註43〕李甦平：《中日心學比較——王陽明與石田梅岩思想比較》，載《中國哲學史》1996年第3期。
〔註44〕黃信二：《王陽明「致良知」方法論研究》，臺北：文史哲出版社，2006年。
〔註45〕胡永中：《致良知論——王陽明去惡思想研究》，成都：巴蜀書社，2007年。
〔註46〕陳立勝：《王陽明萬物一體論》，上海：華東師大出版社，2008年。

　　黃信二《王陽明「致良知」方法論研究》重新檢討了致良知方法在陽明學理論中的意義，認爲致良知方法具有承接知識到形上、轉化從認識到本體性思考的關鍵性地位，致良知方法涵攝日用，是指導日常生活的實踐原則，方法本身具有「簡易精神」和「生生不息」兩大特性，致良知方法是陽明精神的代表性核心觀念。胡永中《致良知論──王陽明去惡思想研究》從「去惡」的視角切入，研究王陽明的「致良知」說，對良知與惡的問題進行了深入探討，並由此得出王陽明的良知有三層含義：道德標準、道德主體、存在自身，不同含義各有其來源。陳立勝《王陽明萬物一體論》認爲「萬物一體」是王陽明思想的基本精神，從身──體的立場對王陽明的萬物一體觀牽涉的一體的仁與樂問題進行了研究，對王陽明一體之仁的論述從同此一氣、感應之幾、惻隱之心、宗族譜系、政治向度、天人相與等六個方面進行了闡發，分析了王陽明一體說的內在緊張，描述了王陽明「樂」的本質與「樂」的類型學，爲深入研究王陽明思想提供了新的視野〔註47〕。

　　上述五個階段的研究論著，各有優長和不足。總的來說，1949 年以前的研究，不脫傳統學術立場；從 1949 年到上世紀 80 年代的，注重分析社會背景，但往往簡單化爲只重視政治和經濟背景；新儒學的著作，突出了西方哲學範疇的普適性，同時多從心性論的角度闡發，對把握心學特質有幫助；上世紀 80 年代之後的著作，開始突出學術評價標準，但過於強調陽明思想作爲哲學的共性，對其具體內涵把握不夠，所進行的中西比較，也只是脫離了具體社會環境的、抽象的、概念式的比較。新世紀的王陽明研究，注重對陽明

〔註47〕 海外學者關於王陽明的研究也值得重視和參考。狄百瑞（Wm.Theodore de Bary）、倪德衛（David Nivison）、艾文賀（Philip J. Ivanhoe）等人都有關於王陽明的研究。狄百瑞重視發掘王陽明思想中的自由教育與自發精神，狄百瑞著作譯爲中文的有《中國的自由傳統》（李弘祺譯，香港：香港中文大學，1983年）、《東亞文明：五個階段的對話》（何兆武、何冰譯，南京：江蘇人民出版社，1996 年）。艾文賀的《儒家傳統中的倫理學》（1990 年）詳細分析了孟子與王陽明的思想，指出二人之間的差距極大。倪德衛的《儒家之道》（此書 2006年由周熾成翻譯，納入江蘇人民出版社海外中國研究叢書出版。）一書收入了他對王陽明與存在主義的關係進行深入的分析的文章。特別值得指出的是杜維明關於王陽明的研究，杜維明有專著《宋明儒學思想之旅──青年王陽明（1472～1509）》及多篇論文（杜維明有關王陽明研究的著作和論文已收入郭齊勇、鄭文龍編的《杜維明文集》（5 卷本），武漢：武漢出版社，2002 年）討論王陽明思想，在研究王陽明思想變化過程、發掘其哲學與心理學含義上做了大量開創性工作，對進一步研究王陽明提供了有益的參考。

思想的具體命題進行深入挖掘，這標誌著對陽明思想的研究進入了一個新的深度，但存在著以個別命題爲核心進行推衍、忽視了陽明思想之複雜性，將個別命題作爲王陽明思想的核心，不能很好的處理命題之間的關係，也無法對王陽明思想做出合理的詮釋。

　　本文擬在前人研究的基礎上，以問題爲統攝，聯繫王陽明個人所處的小環境和他思想成長發展的時代社會背景，從成聖之道的角度切入，將王陽明思想與成聖之道這一問題聯繫，將王陽明提出的具體思想命題作爲對成聖之道的不同角度、不同內容和方法的探索的反映，力圖由此把握陽明思想，並在這一過程中歸納王陽明思想的特點，從而對其思想做出再評價。

二、本文研究的思路

　　成聖之道是貫穿王陽明一生思想的主線。本文從這一點切入，辨析王陽明學術歷程與成聖之道的關係，並由此分析歸納王陽明思想的特點。

　　第一章總結回顧了王陽明學術道路與成聖之道的關係。本文認爲，王陽明提出成聖的目標，一方面是由於其父在科舉上的巨大成功，另一方面是陳白沙受憲宗禮聘在京師造成的巨大轟動。此後學習兵法、泛濫於詞章、學宋儒格物之學、出入於佛老，王陽明一直在爲如何成聖進行著艱苦卓絕的探索。

　　從成聖之道的角度審視王陽明「心即理」、「靜坐」、「事上磨煉」、「誠意」、「致良知」和「萬物一體之仁」等命題，能夠更好理解其意義，並有助於把握王陽明思想特點。同時，歸納出了王陽明對於聖人的觀點，王陽明的聖人觀與此前儒學史上聖人觀念的最大不同在於，否定知識性路徑，將「其心純乎天理」作爲聖人的唯一標準，成聖的根據是人人心中自有的「良知」。

　　一般認爲，龍場之悟是陽明學說形成的標誌，杜維明認爲陽明洞經歷奠定了陽明的爲學方向。陽明洞之悟，使王陽明確立了其儒家本位的價值取向。本研究採納這一觀點，陽明洞的經歷表明，陽明本人開始復歸原始儒家的價值立場，把倫理價值作爲第一位的東西。龍場之悟是這一方向的繼續，在確立了倫理價值的價值後，「心即理」突出強調道德倫理的主觀特徵和感情基礎，同時王陽明提出「心外無理」，徹底斷絕了天理的外在來源。這是陽明對原始儒家的繼承和對陸九淵「心即理」命題的深化。

　　在追尋成聖之道的過程中，王陽明對朱熹格物之學與佛道之學進行了批判。認爲格物致知的方法，流於繁瑣的章句訓詁，妨礙了對經書精神的掌握，

忽視了對內在德性的提高，容易造成知而不行。王陽明認爲佛老放棄了對社會責任的承擔，只「成就他一個私己的心」。正是這一點，使陽明劃清了與佛老的界限，他所持有的乃是儒家修齊治平的追求，這是王陽明所追求的聖人之道的最根本的特點。

從成聖之道的角度看，「心即理」命題是王陽明對成聖本體論的證明。第二章就是分析王陽明的「心即理」。通過對心與理概念的限制，王陽明自覺與朱熹的理論區分開來。具體而言，在朱熹，心概念包括有認識心與道德心兩種糾結在一起的含義，而陽明思想中的心則是純粹的道德心；在朱熹「理」是現成的，在王陽明，「理」則成爲生成的了。最終表現在朱熹「心具理」與王陽明「心即理」命題的區分上，「心即理」突出了道德主體的能動性，同時也注意把物理和倫理分開，澄清和凸顯了其道德主體的含義。就「理」的方面而言，「心具理」強調了天理的現成性、社會性和神聖性，「心即理」則突出了「天理」的過程性，強調了其個體性和與感情相聯繫的一面。在心即理說提出之後，所謂的「聖賢有分」便不再成爲問題，此後的陽明所要探索的是成聖的具體路徑。

第三章研究王陽明對於成聖工夫論的探索。關於成聖工夫論，王陽明先後提出了誠意之教和致良知之教，二者都以立志爲前提。志決定了對行爲的取捨，並且賦予了行爲意義和價值，「先立必爲聖人之志」是成聖的必要條件。在成聖工夫論上，王陽明最早提出的方法是「誠意」。誠意之教包含了「靜坐」、「事上磨煉」以及「知行合一」三種方式。「靜坐」只是達到了靜止狀態下的「誠意」，在與事物交接的時候，會有所謂「喜靜厭動、流入枯槁」的弊端。

這種情況下，王陽明提出了「事上磨煉」。「人須在事上磨煉，做工夫，乃有益。」〔註48〕事上磨煉就是心上磨煉，就是在事上磨煉此心。心之所發即是意，這樣在事上磨煉此心，也就是誠意。「事上磨煉」，就是在日常生活的行爲舉動中自覺磨煉此心以誠意。事上磨煉工夫的弊端在於，忽視了靜時的涵養工夫。

隨後，又有知行合一說的提出。知行合一說提出的主要目的，在於倡導力行的同時一定要有相應的心理狀態或者說主觀上的道德覺悟相伴隨，也就是重視主觀上的道德覺悟。這把誠意之教推到了一個新的高度。

總起來講，在龍場悟道後，陽明所提出的靜坐、事上磨煉，以及知行合

〔註48〕《傳習錄》204。

一，都是爲了誠意。靜坐涵養心體，是靜中的工夫，事上磨煉是動中的工夫，而知行合一則實現了動靜合一。但這三者都缺乏學問的「大頭腦」，並沒有解決決定行爲方式的規範從何而來的問題，這是整個誠意之教的不足。繼續探索的結果，是王陽明提出了致良知的學說。

致良知說首先對良知本體做了確認。良知是成聖的內在根據，是人人心中不假外求的道德本原，具有自律性、個體性、天賦性、過程性等特點。良知是最高和最後的評價標準，任何外在的權威，都必須經過良知的檢驗和認定。良知具有明顯的個體性特點，個體的角度是尋找「良知」的門徑，經書或者師長，任何外在的權威都不能給人以「良知」之念，任何人都天然具有的良知，只有靠激發。良知的存在是一個事實必然，需要體驗以肯認。過程性就是良知的存在方式，良知沒有能夠被概念規定的本性，它本質上是一種成爲的過程，這是良知與其他存在的根本不同。

良知不能由別人教給，它只能在心中被激起、被喚醒，與外物接觸提供了一個機緣激起或喚醒良知的機緣。在這一點上，良知與致良知密不可分。王陽明對孟子良知說的發展，突出表現在陽明不只談論良知，他的學說的精髓在於「致良知」。致良知能夠在動靜兩重情況下都能做修養功夫，在重視外在德行的同時強調內在德性的提高，成爲王陽明關於成聖工夫論的最後定論。致良知有兩層含義，一方面是推致良知，致良知就是著實地去爲善去惡，在所有的行爲包括動機上，都著實去恢復本有之善。致良知的另一方面含義是，在不同的境遇下展現豐富良知。在具體的境遇下，問題不斷產生，良知自身也不斷得到呈現和豐富。具體的環境，以及人的選擇、意志、努力和鬥爭，總是能給良知增加新的內容，而這一點，恰恰是致良知的具體內涵。在致良知過程中，要「勿忘勿助」，給良知的成長留有時間，消除目的性，把目光專注於事情本身，在日常道德踐履中「必有事焉」，「盡吾心之良知以應之」，時時事事「實致其良知」，在自己所處的環境下盡力而爲「實致其良知」。

第四章研究王陽明晚年的命題「萬物一體之仁」。本文認爲，這是王陽明對於聖人境界的直接描述。萬物一體之仁說，是王陽明晚年講學的基本宗旨之一。是王陽明成聖工夫論最終所達到的境界——聖人境界。王陽明萬物一體之仁境界的特點，在於他把良知說與萬物一體結合起來，用良知學來說明萬物一體。王陽明這裡所說的「一體之仁」，就是所要「致」的「良知」。「致良知」即是「達其天地萬物一體之用」，只有「致良知」，天地萬物爲一體才

能真正實現；只有「達其天地萬物一體之用」，「致良知」的工夫才有實在的著落；只有「達其天地萬物一體之用」，王陽明所探索的成聖之道才成為完備無缺的。在萬物一體之仁中，王陽明肯定了明德與親民的一致性，要做到萬物一體之仁，需要超越形骸等私我的限制，在親民的過程中明明德，最終實現了「家齊國治天下平」。需要注意的是，在萬物一體之仁的情況下，萬物之間仍然存在著區別和差異，有著等級秩序，對這一點的強調表明，王陽明恪守的是傳統的儒家立場。

在此基礎上，本文歸納提出了王陽明思想的幾個特點：

主體性 王陽明確立了人的主體地位。以成聖之道為例，王陽明強調的是「吾性自足」、「自有擔當」，主體自身能夠自我完備、自我實現，不必如朱子所主張的，需要經過格物致知的複雜路徑。

過程性 強調關係，強調在具體的情景、具體的關係中展開的理、與具體的事物聯繫在一起的理，而不是抽象的、不變的理，這是王陽明思想的又一大特色。

啟蒙性 個人先天就有的心就是判斷是非的標準，這就否定了外在的「理」，也否定了外在的權威和經典的無上地位，確立了主體的崇高地位，這一點突出地反映了王陽明思想的啟蒙性特點。

極端的道德價值本位立場 王陽明把聖人觀念徹底道德化，體現出了極端道德價值中心或道德價值本位的立場。他甚至將見聞知識視為成聖的障礙，從而使知識沒有獨立的價值和地位甚或沒有價值和地位，表現出反智主義的傾向，這在很大程度上妨礙了人的精神的全面發展，對中國社會的發展產生了負面影響。

強烈的唯意志論色彩 由強調意志的活動性、自決性和非實體性，進而確立了主體的創造性、能動性和不受任何約束的絕對的自由，這是真正道德形成的前提。從這個意義上說，與朱熹解決了道德踐履中的自覺問題一樣，王陽明解決了道德踐履中的自願問題。

三、研究方法

1、思想史和社會史研究相結合

強調思想史研究與社會史研究相結合這一方法是侯外廬學派的重要特徵，特別對於思想史的研究來說，採用這一方法，「將思想家放在具體的歷史

環境中進行分析，不是從概念到概念，……這樣去說明思想的來源及其影響，力求找到根底，是很有意義的科研工作」〔註49〕，對於揭示思想命題的科學含義具有無可替代的作用。侯外盧主編的五卷本的《中國思想通史》就是這方面的典範著作。侯外盧曾說：「思想史係以社會史爲基礎而遞變其形態。因此，思想史上的疑難就不能由思想的本身運動裏得到解決，而只有從社會的歷史發展裏來剔抉其秘密。」〔註50〕侯先生在晚年對自己學術道路的回顧中，再次強調了這一方法，「把社會史和思想史有機地結合成一個系統進行研究，我認爲是一個合理的路徑。」〔註51〕這一方法的具體內涵是，「社會存在決定社會意識，社會意識反作用於社會存在，也就是在生產力與生產關係、經濟基礎與上層建築之間的辯證運動規律的指導下，研究中國古代思想是在怎樣的社會存在中產生、演變和發展，有怎樣的社會作用，對今天又有什麼啓示」〔註52〕。

「想像語言就意味著想像一種生活形式。」〔註53〕「『語言遊戲』一詞的用意在於突出下列這個事實，即語言的述說乃是一種活動，或是一種生活形式的一個部分」，〔註54〕維特根斯坦認爲，學習語言就意味著被同化，也就是參與包括語言合理化在內的共同生活，學習語言是參與共同生活的一個內容，語言在根本上與其使用是無法分開的。從而，理解語言共同體的生活形式是理解語言意義的基礎，強調理解生活對於理解文本具有優先性。維特根斯坦關於理解生活和理解語言之間關係的看法，從另一個方面印證了侯外盧學派思想史與社會史相結合的研究方法的科學性。思想家的思想命題，都是一定時代社會生活的抽象和概括，所以從社會文化背景來揭示思想命題的含義就顯得十分重要。

對王陽明思想的研究，需要緊密結合他個人的人生經歷和明代的社會生活。王陽明的聖人觀就是在當時具體的社會政治生態環境下形成的。一方面

〔註49〕張豈之主編：《中國思想學說史・總序》，桂林：廣西師範大學出版社，2007年。

〔註50〕侯外盧等：《中國思想通史》第一卷，北京：人民出版社，1957年，頁28。

〔註51〕侯外盧：《韌的追求》，北京：三聯書店，1985年，頁118。

〔註52〕張豈之：《歷史唯物論與中國思想史研究》，載《歷史研究》2007年第1期。

〔註53〕維特根斯坦：《哲學研究》，李步樓譯，北京：商務印書館，1999年，第19條，頁12。

〔註54〕維特根斯坦：《哲學研究》，李步樓譯，北京：商務印書館，1999年，第23條，頁17。

是個人所處的小環境，另一方面則是時代的大背景。簡單來說，個人所處的小環境激發他提出了成聖的目標，而時代的大背景賦予該目標以具體的內容。正是在追尋這一目標的過程中，他適應時代的需要，對傳統學說進行了批判和吸收，最終探索提出具有鮮明個性的成聖的路徑和方法。可以說，具體的家庭環境、個人遭遇和時代的政治生態，這三方面的因素，構成了王陽明成聖之道的最根本的現實動因，由此出發，王陽明抨擊違反天理的行為和思想（「破山中賊」和「破心中賊」）、竭力維護封建「天理」之地位，同時順應當時個體意識擡頭的社會發展趨勢，提出了「心即理」、「知行合一」、「致良知」等命題，防止了思想僵化。王陽明的貢獻在於，他能從現實出發而又超越現實，最終提出了合乎時代需要的學說，這是王學在明朝中期以後廣泛傳播的根本原因。

2、「問答邏輯」的方法

柯林伍德在其自傳中描述了一種研究思想史的方法，他稱為「問答邏輯」：不可能僅僅根據一個人說的或寫的陳述句子來探知他的意思，即使他是以完全符合語言要求的方式和完全誠實的態度來說或寫的。為了理解他的意思，你還必須知道他的問題是什麼（即他的中心問題，也是他假設存在於你心中的問題），因為他所說或寫的東西正是對這一問題的回答。〔註55〕

答案與問題之間是嚴格相關的。在具體的時空條件下，每一個問題都有著明確和特定的含義。每一個命題都是作為特定問題的答案出現的，弄清楚這些問題，才能更好地理解命題的所指。如果不瞭解一個命題所針對的問題，就會誤解命題的內涵與所指。這一點被柯林伍德稱為「相關性原則」。相關性原則可以被應用到對邏輯矛盾的分析之中，與那種認為兩個命題僅僅作為命題就可能互相矛盾的觀點不同，相關性原則指出，確定兩個命題是不是相互矛盾，關鍵在於明確他們所要回答的問題是什麼，「兩個命題只有在回答同一個問題時，才有可能互相矛盾」。〔註56〕。「誤解一個命題意蘊的病症就在於認為，此命題與事實上並不發生矛盾的彼一命題之間是相互矛盾的」。〔註57〕

〔註55〕柯林伍德：《柯林伍德自傳》，陳靜譯，北京：北京大學出版社，2005年，頁34。

〔註56〕柯林伍德：《柯林伍德自傳》，陳靜譯，北京：北京大學出版社，2005年，頁35。

〔註57〕柯林伍德：《柯林伍德自傳》，陳靜譯，北京：北京大學出版社，2005年，頁35。

　　同樣，該原則也可以被用來分析命題的眞假。一個命題的眞假與它試圖回答的問題有關係。「命題的意義、矛盾與否、眞假與否，這些都不是命題本身所具有的，因爲命題只是命題。」〔註58〕換言之，命題的眞假不能只從命題本身判斷。「眞正的『思想單元』（「所謂思想單元的意思是，一個命題可以分解爲主語、系動詞和謂語等等，每一個部分單獨而言都不是一個完整的思想，所以不可能有眞有假」〔註59〕，「不是命題，而是某種內涵更爲豐富的綜合體，在這個綜合體中，命題是針對一個問題的答案。」〔註60〕除非我們知道一個命題所要回答的問題是什麼，否則便不能說它是眞是假。總而言之，「一個既定命題是眞還是假，有意義還是無意義，其根據在於此命題所要回答的問題」〔註61〕，而探究這一命題所針對的問題，需要引入歷史的視閾。知道一個作爲答案的命題所指向的問題，需要進行歷史的建構。

　　柯林伍德的「問答邏輯」對研究思想史有重要的指導作用。成聖之道就是貫穿王陽明一生的問題，他的一系列學術命題都是圍繞解決這一問題產生的。換言之，是成聖之道這一問題涵攝了王陽明一生的思想學術活動。本文就是嘗試圍繞這一核心問題，對王陽明思想不同階段中提出的「心即理」、「知行合一」、「誠意」、「事上磨煉」、「致良知」、「萬物一體之仁」等命題的內涵進行分析，主要圍繞探究上述理論在成聖之道這一核心關鍵點上起到了什麼樣的作用、理論本身（主要是關涉成聖工夫論的幾個命題）有何不足等進行探討，以期望能對王陽明思想的具體命題做出合理的詮釋，對命題之間的關係做出切合實際的梳理。

〔註58〕柯林伍德：《柯林伍德自傳》，陳靜譯，北京：北京大學出版社，2005年，頁35。

〔註59〕柯林伍德：《柯林伍德自傳》，陳靜譯，北京：北京大學出版社，2005年，頁36。

〔註60〕柯林伍德：《柯林伍德自傳》，陳靜譯，北京：北京大學出版社，2005年，頁36。

〔註61〕柯林伍德：《柯林伍德自傳》，陳靜譯，北京：北京大學出版社，2005年，頁40。

第一章　成聖之道與王陽明的學術經歷

　　從《年譜》記載來看，貫穿陽明一生的一個核心問題就是如何成聖。「聖人體現了人性的完滿」〔註1〕，是儒家的理想人格。所謂成聖，就是通過自我努力，實現自身人性的完滿。學以成聖，這是儒家學問的終極目的。在儒家，凡人與聖人的區別，只是由於修養工夫的不同而有差異，但二者之間是可以轉化的。王陽明早年就思考成聖的問題，經過艱苦卓絕的努力，一生在立德、立言、立功三個領域都取得了卓越的成就，實現了儒家內聖外王的理想，這在整個中國歷史上都是極爲罕見的。

　　太虛法師在《論王陽明》〔註2〕一文中，以龍場悟道爲開端，把王陽明的成學劃分爲「悟得良知」、「存省良知」、「完成良知」、「應用良知」四個階段。從另一個角度看，這四個階段也就是王陽明探尋成聖之道的四個階段。所謂「悟得良知」就是提出了「心即理」的命題，對成聖的可能性進行了證明，所謂「存省良知」和「完成良知」，就是依次發現了靜坐、知行合一以及致良知等成聖的路徑，而所謂「應用良知」，固然是王陽明在江西平叛等事功上的卓越表現，但其所指更重要的是王學「一體之仁」命題的提出，這個命題提出，是王陽明成聖之道的完成的體現。正是通過這一命題的提出，王陽明扭轉了自宋代以來、特別是明代政治環境下理學受禪宗、道教影響重視清淨追求涅槃的學術立場，開始自覺承接起早期儒家修齊治平的神聖使命，以此實現個人人性的完滿。

〔註 1〕 杜維明：《人性與自我修養》，北京，中國和平出版社，1988 年，頁 130。
〔註 2〕 《太虛法師文鈔初集》第二編「世論」。

一、成聖目標的提出

王陽明早歲就提出成聖的人生目標。《年譜》憲宗成化十有八年壬寅條記載：

> 明年就塾師……嘗問塾師曰：「何爲第一等事？」塾師曰：「惟讀書登第耳。」先生疑曰：「登第恐未爲第一等事，或讀書學聖賢耳。」
> 龍山公聞之笑曰：「汝欲做聖賢耶？」

關於陽明立志成聖的動機，當代學人多有分疏。杜維明指出，乃父王華在科舉上的巨大成功，對王陽明形成了巨大的壓力，「他（王華）在科舉考試中高中狀元，這是三年才有一次的榮譽，在他兒子的心中，他的成就一定造成了極大震撼。……青年王陽明的反叛精神與他父親的巨大成功決不是毫無關係的。」〔註3〕要超越乃父，在科舉上顯然不可能了，在這種情況下，王陽明提出讀書學聖賢爲第一等事。

姜允明認爲，王陽明立志學聖賢，是受到了陳白沙的刺激：「陽明立志學聖賢，應是四月初之事，時陳白沙年五十六，憲宗禮聘於三月三十日抵京，名震京師，轟動朝野，每日公卿大夫造訪者數百，咸謂『聖人復出』」。〔註4〕父親在科舉上的巨大成功，以及陳白沙在京師造成的巨大轟動，在王陽明敏感的心靈裏引起了震動，樹立成聖的目標，可以看做是王陽明確立自身價值理想的嘗試。終其一生，王陽明都在圍繞這一目標奮鬥。

成聖目標提出了，如何實現這一目標，成爲此後陽明所關注的問題。爲著確立自身價值實現成聖的目標，陽明開始做了多方面的探索：

《年譜》憲宗成化二十有二年丙午條記載：

> 先生出遊居庸三關，即慨然有經略四方之志：詢諸夷種落，悉聞備禦策；逐胡兒騎射，胡人不敢犯。經月始返。一日，夢謁伏波將軍廟，賦詩曰：「卷甲歸來馬伏波，早年兵法鬢毛皤。雲埋銅柱雷轟折，六字題文尚不磨。」時畿內石英、王勇盜起，又聞秦中石和尚、劉千斤作亂，屢欲爲書獻於朝。

孝宗弘治元年戊申條記載：

> 七月，親迎夫人諸氏於洪都。……合巹之日，偶閒行入鐵柱宮，

〔註3〕杜維明：《宋明儒學思想之旅──青年王陽明（1472～1509）》，載《杜維明文集》卷3，武漢：武漢出版社，2002年，頁19。

〔註4〕姜允明：《王陽明與陳白沙》，臺北：五南出版社，2007年，頁111。

遇道士趺坐一榻，即而叩之，因聞養生之説，遂相與對坐忘歸。諸
公遣人追之，次早始還。

同年又載：

官署中蓄紙數簏，先生日取學書，比歸，數簏皆空，書法大進。

孝宗弘治二年己酉條記載：

是年先生始慕聖學。先生以諸夫人歸，舟至廣信，謁婁一齋諒，
語宋儒格物之學，謂「聖人必可學而至」，遂深契之。

從成化二十有二年（1486 年）到孝宗弘治二年（1489 年），短短三年時間內，
王陽明的興趣指向，就包括了軍事、養生、書法、宋儒之學等多個方面，可
見他一直在探索自己的方向。此後，陽明又進行「為宋儒格物之學」、「學兵
法」、「談養生」等多方面的探索。孝宗弘治十有二年己未「舉進士」，標誌著
這種探索的階段性終止。陽明躋身官僚階層，開始了他的仕宦生涯。先後「督
造威寧伯王越墳」、「授刑部雲南清吏司主事」、「奉命審錄江北」、「主考山東
鄉試」、「改兵部武選清吏司主事」等，與本文主題關係不大，茲不贅述。

二、成聖之道的早期探索

《明儒學案》對陽明早年為學經歷概括如下：

先生之學，始泛濫於詞章，繼而徧讀考亭之書，循序格物，顧
物理吾心終判為二，無所得入。於是出入於佛、老者久之。及至居
夷處困，動心忍性，因念聖人處此更有何道？忽悟格物致知之旨，
聖人之道，吾性自足，不假外求。其學凡三變而始得其門。

（《明儒學案卷十・姚江學案》）

可以看出，在如何成聖的問題上，王陽明一直企圖遵循宋儒格物的路子，只
是在「無所得入」的情況下，才出入佛老。在陽明洞之悟和龍場之悟前，他
的主要知識活動就是圍繞這二者進行的。並且在探究的過程中發現了格物之
學與佛老的不足，為最終提出自己的成聖之道奠定了思想和信仰基礎。

1、陽明與朱熹格物之學

1.1 研究格物之學的經過

龍場之悟前，王陽明至少有三次研究格物之學的經過，分別發生於十八
歲、二十一歲和二十七歲。

《年譜》孝宗弘治二年（1489）己酉條記載：

> 是年先生始慕聖學。先生以諸夫人歸，舟至廣信，謁婁一齋諒，
> 語宋儒格物之學，謂「聖人必可學而至」，遂深契之。

這是王陽明接觸儒學的開始。此前所從事的是「詞章之習」等無關成聖的學問，並且在詞章之學上取得了不凡的成就。《年譜》憲宗成化十有八年壬寅（1482）條記載了陽明在這方面的卓異表現：

> 龍山公迎養竹軒翁，因攜先生如京師，先生年才十一。翁過金
> 山寺，與客酒酣，擬賦詩，未成。先生從傍賦曰：「金山一點大如拳，
> 打破維揚水底天。醉倚妙高臺上月，玉簫吹徹洞龍眠」客大驚異，
> 復命賦蔽月山房詩。先生隨口應曰：「山近月遠覺月小，便道此山大
> 於月。若人有眼大如天，還見山小月更闊。」

憲宗成化二十有二年（1486），王陽明甚至有「出遊居庸三關」的舉動，「即慨然有經略四方之志：詢諸夷種落，悉聞備禦策；逐胡兒騎射，胡人不敢犯。經月始返」。早年的爲學經歷，王畿概括爲，「其少稟英毅凌邁，超俠不羈。嘗泛濫於詞章，馳騁於孫吳。其志在經世，亦才有所縱也。」〔註5〕

一直到在廣信拜謁婁諒，王陽明才「始慕聖學」，爲實現早年就縈繞胸中的成聖志向找到了一條路徑。這一時期，王陽明所採取的方法就是宋儒特別是朱熹的知識學的成德路徑，試圖通過對外物研究，掌握天理。著名的「取竹格之」的事件，就發生在這一時期。（具體的論證詳後）

第二次研究格物之學是在弘治五年（1492），《年譜》是年條記載：

> 是年爲宋儒格物之學。先生始侍龍山公於京師，遍求考亭遺書
> 讀之。一日思先儒謂「眾物必有表裏精粗，一草一木，皆涵至理」，
> 官署中多竹，即取竹格之；沉思其理不得，遂遇疾。先生自委聖賢
> 有分，乃隨世就辭章之學。

同條記載裏追述陽明早年格竹之事，多爲人誤讀。陳來據《年譜》所載推定，格竹當在數年之前。〔註6〕余英時從日本學者編著的《陽明先生遺言錄》中找到了陽明自述「格竹子在『某十五六歲時』」〔註7〕，並由此斷言「此案已定」。

〔註5〕王畿：《王龍溪先生全集》卷二《滁陽會語》。
〔註6〕陳來：《有無之境——王陽明哲學精神》，北京：人民出版社，1991年，頁339～340。
〔註7〕余英時：《宋明理學與政治文化》，長春：吉林出版集團，2008年，頁183。

格竹事並非發生在弘治五年（1492），這是陳來和余英時所一致認定的。但是不是根據陽明的自述，確定「格竹子在『某十五六歲時』」，則有進一步探討的必要。余英時確定格竹時間時所依據的《陽明先生遺言錄》，在錢德洪編輯《年譜》時並沒有被採納，其原因就在於，陽明自己的回憶與他本人的學術經歷並不吻合。

王陽明所說的「某十五六歲時」指的就是1486年前後，這一時期的王陽明，正「馳騁於孫吳」、「慨然有經略四方之志」，即便有可能接觸到宋儒的學問，也不會「思先儒謂『眾物必有表裏精粗，一草一木，皆涵至理』」而「取竹格之」，更不至於長時間的沉思以致遇疾。況且《年譜》明明白白記載，王陽明是弘治二年（1489）「始慕聖學」，此前不可能照著朱熹的路子做修養工夫。

明人施邦曜輯評的《陽明先生集要》前所附的王陽明年譜，就把格竹事件確定在了弘治二年之後：

> 二年己酉，先生十八歲。十二月，以夫人諸氏歸餘姚，舟過廣
> 信，妻一齋諒，語格物之學，先生甚喜，以為聖人必可學而至也。
> 後遍讀考亭遺書，思諸儒謂眾物有表裏精粗，一草一木皆具至理，
> 因見竹，取而格之，沉思不得，遂被疾。〔註8〕

陽明因為拜謁婁諒，開始瞭解宋儒格物之學，確立了學以成聖的信念，並隨後付諸實踐，「遍讀考亭遺書」。《年譜》在記錄格竹事件之前，緊挨著的一句話就是「遍求考亭遺書讀之」，讀考亭書構成了格竹的直接動因。換言之，如果不讀考亭之書，則王陽明必然不會有格竹的舉動。確定王陽明讀考亭之書的時間，成了確定格竹之時的關鍵。《年譜》弘治二年（1489）條對此有所記載：

> 明年龍山公以外艱歸姚，命從弟冕、階、宮及妹婿牧，相與先
> 生講析經義。先生日則隨眾課業，夜則搜取諸經子史讀之，多至夜
> 分。四子見其文字日進，嘗愧不及，後知之曰：「彼已游心舉業外矣，
> 吾何及也！」先生接人故和易善謔，一日悔之，遂端坐省言。四子
> 未信，先生正色曰：「吾昔放逸，今知過矣。」自後四子亦漸斂容。

可以看出，此時王陽明遍讀考亭遺書，並且依照宋儒的方法，開始做格物工夫，一個突出的表現就是開始「端坐省言」，在從弟妹婿不相信的情況下能夠正色以對，活脫脫一幅宋儒「小心翼翼，對越上帝」的模樣。在這種情況下，

〔註8〕施邦曜輯評：《陽明先生集要》，北京：中華書局，2008年，頁4。

對竹格理也是在宋儒影響下所可能採取的一種修養工夫。根據《年譜》所記，格竹事件發生在京師。則確定這一事件的關鍵在於，確定王陽明何年在京師。我們知道，弘治三年（1490），陽明尊人「以外艱歸姚」，這個時候的王陽明在哪裏呢？《年譜》所記載的是，陽明尊人在回餘姚之前，「命從弟冕、階、宮及妹婿牧，相與先生講析經義」，父親要求陽明與從弟妹婿講析經義，則可以斷定，王陽明必然沒有追隨乃父歸餘姚，而是在京師與從弟妹婿講學，則格竹一事正發生在這一時期。所以，斷定王陽明的「格竹」事件發生在孝宗弘治二年（1489）之後、弘治五年（1492）之前，大致時間就在弘治二年或三年。

第三次發生在陽明二十七歲時，《年譜》孝宗弘治十一年戊午年條記載：

> 先生自念辭章藝能不足以通至道，求師友於天下又不數遇，心持惶惑。一日讀晦翁上宋光宗疏，有曰：「居敬持志，爲讀書之本，循序致精，爲讀書之法。」乃悔前日探討雖博，而未嘗循序以致精，宜無所得；又循其序，思得漸漬洽浹，然物理吾心終若判而爲二也。沉鬱既久，舊疾復作，益委聖賢有分。

第三次格物的背景是陽明對詞章之學有了新的認識，認爲辭章技藝不是實現成聖的途徑，並自覺地予以摒棄。這次格物開始的觸因則是接觸到了朱熹所謂居敬持志、循序致精的要求，並以此爲標準對自己此前的行爲批判後的抉擇。陽明依照朱熹的方法，循序讀書，但最終的結果仍然是「物理吾心終判爲二」。

三次「格」的結果都沒有達到心與理一，沒有找到成聖的工夫路徑。這種情況下，陽明對朱熹的格物說產生了新的認識，這爲龍場之悟奠定了知識上的基礎，容肇祖在《明代思想史》中指出，王陽明的格物之說，「便是由於崇信朱熹的學說而走不通，因之以起的反動。」〔註9〕

1.2 對朱熹格物學說的批判

龍場之悟後，王陽明對格物有了自己的獨特體驗，「知天下之物本無可格者；其格物之功，只在身心上做；決然以聖人爲人人可到，便自有擔當了。」由此出發，對朱熹的格物說進行了批判，從理論上對自己探究格物之學的經過進行了總結。

〔註9〕容肇祖：《明代思想史》，濟南：齊魯書社，1992年，頁73。

1.2.1 朱熹的格物說

所謂格與物，在朱熹看來，「格，至也。物，猶事也。窮至事物之理，欲其極處無不到」〔註10〕，「凡天地之間，眼前所接之事，皆是物」〔註11〕。為什麼要格物？朱熹認為，「理不外物，若以物為道則不可。物只是物，所以為物之理乃道」〔註12〕，「道理星散在事物上，卻無總在一處的」〔註13〕。

關於格物的方法，朱熹說：

> 上而無極太極，下至於一草一木、一昆一蟲之微亦各有理。一書不讀，則闕了一書道理；一事不窮，則闕了一事道理；一物不格，則闕了一物道理。須著逐一件與他理會過。〔註14〕

> 惟今日格一物焉，明日又格一物焉，積習既多，然後脫然有貫通處耳。〔註15〕

> 一旦豁然貫通焉，則眾物之表裏精粗無不到，而吾心之全體大用無不明矣。〔註16〕

朱熹所提倡的工夫是由外而內，其前提是承認「心外之理」的存在，在王陽明看來，正是這一點造成朱子格物說進而引起知行分離、能知不能行的根本原因。「外心以求理，此知行之所以二也。」〔註17〕程朱理學中知識論的路徑，引起了「知先行後」，勢必造成心與理為二。

1.2.2 王陽明對朱熹格物說的批判

王陽明對朱熹的格物說進行了批判：

> 朱子所謂格物云者，在即物而窮其理也。即物窮理，是就專事事物物上求其所謂定理者也。是以吾心而求理於事事物物之中，析心於理而為二矣。……若鄙人所謂致知格物者，致吾心之良知於事事物物也。吾心之良知，即所謂天理也。致吾心良知之天理於事事物物，則事事物物皆得其理矣。致吾心之良知者，致知也。事事物

〔註10〕朱熹：《大學章句》。
〔註11〕黎靖德編：《朱子語類》卷57。
〔註12〕黎靖德編：《朱子語類》卷5。
〔註13〕黎靖德編：《朱子語類》卷120。
〔註14〕黎靖德編：《朱子語類》卷15。
〔註15〕朱熹：《大學或問》卷2。
〔註16〕朱熹：《大學章句》。
〔註17〕《傳習錄》133。

物皆得其理者，格物也。是合心與理而爲一者也。〔註18〕

先儒解格物爲格天下之物，天下之物如何格得？且謂一草一木亦皆有理，今如何去格？縱格得草木來，如何反來誠得自家意？〔註19〕

今偏舉格物今而遂謂之窮理，此所以專以窮理屬知，而謂格物未常有行。非惟不得恪物之旨，並窮理之義而失之矣。此後世之學所以析知、行爲先後兩截，日以支離決裂，而聖學益以殘晦者，其端實始於此。〔註20〕

在王陽明看來，通過「今日格一物，明日格一物」這種循序漸進的方法，無法到達對作爲行爲之最終根據的理的體會。格物以窮理的前提是承認理外於心而爲客觀的存在，心必須對理有了眞正的瞭解，然後才能合於理。這裡忽視了一點，就是在物之理可以表現爲多種，即便能夠格得物理，此理終究與吾心爲二，不能成爲誠意的依據。相反，這種格物的方法，把我與物割裂開來從而把心與理割裂開來，造成了知行之間的分離，使得道德修養的當下性和緊迫性被消解。

第一、採取格物致知的方法，流於繁瑣的章句訓詁，妨礙了對經書精神的掌握。早在明初，吳與弼就感歎「箋注之繁，有益無害」〔註21〕，吳與弼所採取的措施是不輕易著述。到王陽明這裡，這種繁瑣的做法有增無減，「聖人之言，明白簡實，而學者每求之於艱深隱奧，是以爲論愈詳而其意益晦。」〔註22〕如此的惡果是「使聖人明白簡實之訓，反爲千古不決之疑」〔註23〕。學者專「習訓詁、傳習誦，沒溺於淺聞小見，以塗天下之耳目」〔註24〕，「徒考索於影響之間，牽制於文義之末，硜硜然以爲是六經矣」〔註25〕，並沒有理解經書的精神。

〔註18〕 《傳習錄》135，《答顧東橋書》。
〔註19〕 《傳習錄》317。
〔註20〕 《傳習錄》137。
〔註21〕 《明儒學案・崇仁學案》。
〔註22〕 《王陽明全集》，吳光等編校，上海：上海古籍出版社，1992年（以下引該書簡稱《全集》），卷24《論元年春王正月》。
〔註23〕 《全集》卷24《論元年春王正月》。
〔註24〕 《全集》卷7《稽山書院尊經閣記》。
〔註25〕 《全集》卷7《稽山書院尊經閣記》。

　　第二、採取格物致知的方法，忽視了對內在德性的提高。「大抵近世學者只是無有必爲聖人之志」〔註26〕，其爲學「僞章繪句琢以誇俗，詭心色取，相飾以僞，……而徒取辯於言詞之間……則今之所大患者，豈非記誦詞章之習！而弊之所從來，無亦言之太詳、析之太精者之過歟！」〔註27〕「用其私智以相比軋……外假仁義之名，而內以行其自私自利之實，詭辭以阿俗，矯行以干譽」〔註28〕學習目的只在於謀取一己之私利，忽視了與主體境界的提高結合。

　　第三、採取格物致知的方法，容易造成知而不行。陽明說，「自俗儒之說行，學者惟事口耳講習，不復知有反身克己之道。」〔註29〕口耳之學出自荀子，「小人之學耳也，入乎耳，出乎口；口耳之間則四寸耳，曷足以美七尺之軀哉？」〔註30〕口耳之學對學問的態度只限於知識性的掌握，並沒有形成眞正的學識，沒有把知識的學習與內在德性的提高結合起來，更談不上切身踐履了。這樣的結果是，造就一批能言善辯、卻只知道追求利祿的僞道學。

　　事實上，朱熹的知識論的成德路線，本身存在一定的問題。他講求「格物致知」、泛觀博覽，把成德方法化約爲知識路徑，雖有益於知識累積，卻難免過重讀書考索，「朱子求一貫於多學而識、寓約禮於博文，其事繁而密，其功實而難。」〔註31〕並沒有爲道德修養設計出一條切實可行的方法，不能滿足王陽明成聖的追求，甚至使他對成聖的可能性產生了懷疑。在這種情況下，王陽明把目光轉向了佛老之學。

2、研究佛老之學的經過

2.1 王陽明與佛教

　　「儘管陽明的哲學受過佛教影響，我們卻沒有文獻說明他同僧人有來往。這與朱熹不同，因爲我們沒有陽明同任何名僧來往的記錄。」〔註32〕我們只能通過王陽明自己的回憶確證他曾經鑽研過佛學。

〔註26〕《全集》卷5《與黃宗賢》。
〔註27〕《全集》卷7《別湛甘泉序》。
〔註28〕《傳習錄》180。
〔註29〕《全集》卷26家書墨跡四首之一《與克彰太叔》。
〔註30〕《荀子·勸學》。
〔註31〕章學誠：《文史通義·朱陸》，北京：中華書局，1985年。
〔註32〕秦家懿：《王陽明與佛教》，載《秦家懿自選集》，濟南，山東教育出版社，2005年，頁11。

　　王陽明自稱在佛老上用過 30 年工夫，一直到龍場之悟後，才改宗儒學，「吾亦自幼篤志二氏，自謂既有所得，謂儒者爲不足學。其後居夷三載，見得聖人之學若是其簡易廣大，始自嘆悔錯用了三十年氣力。」〔註 33〕從現有材料來看，在陽明洞之悟後，王陽明就開始歸宗儒學，改變了對佛老的態度。這就是說，王陽明研讀佛學的時間確定在陽明洞之悟（1502）前。王陽明在另一處對此自己「出入佛老」的原因做了說明：「守仁早歲舉業，溺志辭章之習，既乃稍知從事正學，而苦於眾說之紛撓疲苶，茫無可入，因求諸老、釋，欣然有會於心，以爲聖人之學在此矣。然於孔子之教間相出入，而措之日用，往往闕漏無歸。依違往返，且信且疑。」〔註 34〕這個時候研究佛學的目的和研究道教一樣，是在研究格物之學企圖成聖遭到打擊之後不得已的選擇。即便是「出入佛老」，王陽明仍然以「孔子之教」作爲評判老、釋的標準，並且注意把「出入佛老」的研究所得，「措之日用」加以檢驗。這表明，即使研究出世學問，王陽明所關心的仍然是日用常行，佛老並沒有替代孔子之教在他心目中的地位。

　　另外一方面，應該看到，佛教禪學在王陽明回歸聖人之學的本源上，起到了橋樑作用。陽明洞之悟後，王陽明並沒有完全否定和拋棄佛學，而是在儒家的立場上，積極吸收佛老的理論思維成果，在「致良知」、「四句教」等命題，以及王陽明的教學方法中都能感覺到佛學對他的深刻影響。陽明正吸收了《六祖壇經》中「無相」、「無念」、「無住」等核心思想，破除人的「執著」，解釋和發揮「心」、「性」、「良知」等概念，以此恢復和發揚了儒家的心學本旨。在心學的爲學工夫上，王陽明也吸收了禪學的方法，「默坐澄心」就是借用來的禪修之法。〔註 35〕

2.2 王陽明與道教

　　相對照而言，王陽明與道教接觸的記錄就比較詳盡。

　　《年譜》中最早記錄的王陽明與道家學說的接觸是在孝宗弘治元年戊申（1488），這一年，王陽明 17 歲，從北京回餘姚。然後去南昌完婚，不料，「合巹之日，偶閒行入鐵柱宮，遇道士趺坐一榻，即而叩之，因聞養生之說，遂相與對坐忘歸。諸公遣人追之，次早始還。」關於這次與道士討論的情況，

〔註 33〕《傳習錄》124。

〔註 34〕《全集》卷 3，《朱子晚年定論序》。

〔註 35〕參見王樹人：《陽明心學與佛老》，載《中國社會科學院研究生院學報》1993 年第 4 期。

馮夢龍在《王陽明出身靖亂錄》中記載:「道者曰,養生之道,無過一靜。老子清靜,莊子逍遙,惟清靜然後能逍遙。因教先生以導引之法。先生恍然有悟,乃與道者閉目對坐,如一對槁木,不知日之將暮,並寢食俱忘之矣。諸夫人不見先生歸署,言於參議公,使衙役遍索不得,至次日天明,始遇之於鐵柱宮中,隔夜坐處尚未移動也。」這一次與道士的交往,表明王陽明追尋的是所謂「養生之道」。

1498 年,王陽明第三次研究格物之學失敗後,認為「聖賢有分」,對自己成聖的可能性產生了懷疑,因病回到故鄉療養,期間「聞道士談養生」,對道教再次發生了濃厚的興趣,一度有「遺世入山之意」,這一時期也就是湛若水所說的「四溺於神仙之習」。〔註36〕

1501 年,王陽明有一次與道士交往,在安徽查辦案件後,王陽明到九華山遊覽,訪問了在山中修煉的蔡蓬頭:

是時道者蔡蓬頭善談仙,待以客禮。請問。蔡曰:「尚未。」有頃,屏左右,引至後亭,再拜請問。蔡曰:「尚未。」問至再三,蔡曰:「汝後堂後亭禮雖隆,終不忘官相。」一笑而別。〔註37〕

這是王陽明「會試舉南宮第二人,賜二甲進士出身第七人」兩年後的事情了,之所以有這樣的舉動,是王陽明中舉後,儘管屢次上書陳言邊務,但並沒有引起多少注意,在朝廷任職都是閒散小官,「觀政工部」,這與他的抱負有很大的差距,這種情況下,王陽明再次靠近了道教,企圖以此化解內心的苦悶,然而成聖的念頭卻並未或息,蔡蓬頭說他「不忘官相」,所強調的就是這一點。

此後,王陽明「聞地藏洞有異人,坐臥松毛,不火食,歷巖險訪之。正熟睡,先生坐傍撫其足。有頃醒,驚曰:『路險何得至此!』因論最上乘曰:『周濂溪、程明道是儒家兩個好秀才。』後再至,其人已他移,故後有會心人遠之嘆。」〔註38〕根據馮夢龍《王陽明出身靖亂錄》記載,地藏洞異人說,「朱考亭是個講師,只是未到最上乘」地藏洞異人對周敦頤、程顥的正面評價,再次激起陽明對儒家傳統的自覺回歸,成為次年陽明洞之悟的一個觸發條件,而異人對朱熹學術的評價,也引發了陽明對其格致之學的再次思考,成為此後龍場之悟的一個誘因。

〔註36〕湛若水:《陽明先生墓誌銘》,載《王陽明全集》卷38。
〔註37〕《王陽明年譜》孝宗弘治十有四年辛酉條。
〔註38〕《年譜》孝宗弘治十有四年辛酉條。

　　事實上，即便在修習道術的時候，王陽明對成聖的理想仍然未能忘卻。他弘治十四年（1501 年）在遊九華山時候所做的《九華山賦》，在嚮往神仙生涯的的同時，仍然表達了儒者的淑世情懷：

> 彼蒼黎之緝緝，固吾生之同胞；苟顛連之能濟，吾豈靳於一毛！翊狂胡之越獗，王師局而奔勞。吾寧不欲請長纓於闕下，快平生之鬱陶？顧力微而任重，懼覆敗於或遭；又出位以圖遠，將無誚於鶺鴒。嗟有生之迫隘，等滅沒於風泡；亦富貴其奚爲？猶榮蕣之一朝。曠百世而興感，蔽雄傑於蓬蒿。吾誠不能同草木而腐朽，又何避乎群喙之呶呶！〔註39〕

這種典型的儒者情懷，使王陽明在修習道術時，「依違往返，且信且疑」（《全集》卷 3，《朱子晚年定論》），最終未能成爲一個方外之人。在《九華山賦》的結尾，他就清楚的表明了自己在入世與出世之間的內心糾葛：「亂曰：蓬壺之藐藐兮，列仙之所逃兮；九華之矯矯兮，吾將於此巢兮。匪塵心之足攪兮，念鞠育之劬勞兮。苟初心之可紹兮，永矢弗撓兮！」〔註40〕「總之，王陽明對神仙之道的追求，只不過是其少年時期強烈的成聖欲望的另一種表現形式罷了。」〔註41〕

2.3 王陽明對佛老的批判

　　在確定佛老對於王陽明歸宗儒學的助益、以及歸宗儒學後在理論思維、教學方法等方面對陽明的啓發後，我們再來看一下，陽明爲何要捨棄佛老，這一點對完整地理解陽明的聖人之道有很大的幫助。陽明以自己貼身體會警告弟子不要迷戀釋老，指出二氏與儒家之間存在微妙的不同：

> 蕭惠好仙釋，先生警之曰：「……大抵二氏之學，其妙與聖人只有毫釐之間。汝今所學乃其土苴，輒自信自好若此，眞鴟鴞竊腐鼠耳！」惠請問二氏之妙。先生曰：「向汝説聖人之學簡易廣大，汝卻不問我悟的，只問我悔的！」惠慚謝，請問聖人之學。先生曰：汝今只是了人事問，待汝辦個眞要求爲聖人的心來與汝説。」惠再三請。先生曰：「已與汝一句道盡，汝尚自不會。」〔註42〕

〔註39〕《全集》卷 19，《九華山賦》。
〔註40〕《全集》卷 19，《九華山賦》。
〔註41〕錢明：《陽明學的形成與發展》，南京：江蘇古籍出版社，2002 年，頁 29。
〔註42〕《傳習錄》124。

聖人之學與仙釋之間存在微妙的不同，陽明因此懊悔自己「錯用了三十年氣力」，這裡所說的「錯用了」所指的究竟何謂？「從陽明對佛老的批判中可以看到，他的『錯用了』的確切所指，主要是在儒釋道三家不同終極追求的選擇上」〔註43〕這在王陽明與弟子的談話中有明確的表示：

> 只說「明明德」而不說「親民」，便似老佛。〔註44〕

> 又問：「釋氏於世間一切情欲之私都不染著，似無私心。但外棄人倫，卻似未當理。」曰：「亦只是一統事，都只是成就他一個私己的心。」〔註45〕

> 曰：「佛氏亦無善無惡，何以異？」曰：「佛氏著在無善無惡上，便一切都不管，不可以治天下。聖人無善無惡，只是無有作好，無有作惡，不動於氣。然遵王之道，會其有極，便自一循天理，便有個裁成輔相。」〔註46〕

> 今欲善惡不思，而心之良知清靜自在，此便有自私自利，將迎意必之心……良知只是一個良知，而善惡自辨，更有何善何惡可思？……只是一念良知，徹頭徹尾，無始無終，即是前念不滅，後念不生。今卻欲前念易滅，而後念不生，是佛氏所謂斷滅種性，入於槁木死灰之謂矣。〔註47〕

從陽明對佛老的批判來看，他不滿的是佛老「外棄人倫」、「斷滅種姓，入於槁木死灰」、「不可以治天下」，他認為佛老放棄了對社會責任的承擔，只「成就他一個私己的心」。正是這一點，使陽明劃清了與佛老的界限，他所持有的乃是儒家修齊治平的追求，這是王陽明所追求的聖人之道的最根本的特點。從這個意義上講，批評陽明「源於佛老」、「只是尊信達摩慧能」〔註48〕，是內禪外儒，或者認為陽明哲學是「道體儒用」〔註49〕，都是值得商榷的。

〔註43〕王樹人：《陽明心學與佛老》，載《中國社會科學院研究生院學報》1993年第4期。
〔註44〕《傳習錄》90。
〔註45〕《傳習錄》94。
〔註46〕《傳習錄》101。
〔註47〕《傳習錄》162。
〔註48〕陳建：《學蔀通辨》續編卷下，正誼堂本。
〔註49〕孔令宏：《道體儒用的陽明哲學》，載錢明主編《陽明學新探》，杭州：中國美術學院出版社，2002年，頁72～73。

2.4 王陽明關於三教關係的見解

在儒道釋關係的問題上，王陽明的態度是批判的和開放的，他不囿於儒家傳統，而是認爲三教可以通用。如前所述，王陽明否定佛道棄人倫絕世務的旨歸。與此同時，他肯定佛道思辨的「高博」，湛若水的《奠王陽明先生文》裏記載了這方面的資料：「兄（按指王陽明）言迦、聃，道德高博，焉與聖異。」〔註50〕

對於儒釋道三教的關係，王陽明曾有「三間屋舍」的比喻：

> 二氏之用，皆我之用。即吾盡性至命中完養此身謂之仙；即吾盡性至命中不染世累謂之佛。但後世儒者不見聖學之全，故與二氏成二見耳。譬之廳堂三間共爲一廳，儒者不知皆吾所用，見佛氏，則割左邊一間與之；見老氏，則割右邊一間與之；而己則自處中間，皆舉一而廢百也。聖人與天地民物同體，儒、佛、老、莊皆吾之用，是之謂大道。〔註51〕

表面上看起來，王陽明是在說，佛道兩家修養身心、不染世累的精神境界本來爲儒學所具備，後儒將那種超越的精神境界失落，認爲那是佛道兩家的專屬，恰如原本有廳堂三間共爲一廳，卻將左右兩間割捨，自小門戶。

實際上，佛道的精神境界是儒學所不具備的，正是在吸納佛道境界、吸納佛道高明的哲學思辨的過程中，才有了宋代以來的所謂新儒學。在這裡，王陽明隱晦的表達出了這樣的意思，佛、道的思想都可以加以利用，道教可以使人完養自己的身體，佛教可以使人擺脫功名等的束縛，這都有利於自我修養的提高，對成就聖人境界有所助益。王陽明的這種說法是對自己廣泛吸收融通佛、道思想的明確承認，也是對佛道思想的肯定，表明他對於佛道的學術傳統持有一種包容的態度。

不僅如此，王陽明還與學生專門討論佛道的思想，對佛道思想進行研究，如有學生「問仙家元氣、元神、元精。先生曰：『只是一件：流行爲氣，凝聚爲精，妙用爲神。』」〔註52〕這一解釋顯示，王陽明對於道教的研究，已經達到比較深入的層次，已經能熟練運用道教特有的概念範疇了。

在教學方法上，王陽明運用佛教禪宗點化的方法，取得了神奇的效果：

〔註50〕《全集》卷40。
〔註51〕《年譜》嘉靖二年癸未十一月條。
〔註52〕《傳習錄》57。

一友問功夫不切。先生曰：「學問功夫，我已曾一句道盡，如何今日轉說轉遠，都不著根？」對曰：「致良知蓋聞教矣，然亦須講明。」先生曰：「既知致良知，又何可講明？良知本是明白，實落用功便是。不肯用功，只在語言上轉說轉糊塗。」曰：「正求講明致之之功。」先生曰：「此亦須你自家求，我亦無別法可道。昔有禪師，人來問法，只把麈尾提起。一日，其徒將麈尾藏過，試他如何設法。禪師尋麈尾不見，又只空手提起。我這個良知就是設法的麈尾。舍了這個，有何可提得？」少間，又一友請問功夫切要。先生旁顧曰：「我麈尾安在？」一時在坐者皆躍然。〔註53〕

在具體的思想命題上，王陽明受到佛道的影響是顯然的。他借用佛道的術語解釋自己的立志說：「只念念要存天理，即是立志。能不忘乎此，久則自然心中凝聚，猶道家所謂結聖胎也。」〔註54〕用「結聖胎」來解釋立志。

王陽明的致良知說正是他融合三教的產物，如王龍溪所言，「先師良知之學（即生死學），乃三教之靈樞」，〔註55〕「先師提出良知兩字，範圍三教之宗，即性即命，即寂即感，至虛而實，至無而有。千聖至此騁不得一些精彩，活佛活老子至此弄不得一些技倆。同此即是同德，異此即是異端」〔註56〕。王陽明認為良知是萬物存在的根據，天地萬物乃是良知的發用流行。

他甚至直接用道教術語解釋其學說的核心觀念「良知」。在回答學生陸澄的提問時他說：「夫良知一也，以其妙用而言謂之神，以其流行而言謂之氣，以其凝聚而言謂之精，安可以形象方所求哉？真陰之精，即真陽之氣之母；真陽之氣，即真陰之精之父；陰根陽，陽根陰，亦非有二也。苟吾良知之說明，則凡若此類皆可以不言而喻。不然，則如來書所云『三關七返九還』之屬，尚有無窮可疑者也。」〔註57〕用道教的「精」、「神」的思想來類比良知的發用流行，可以明顯的看出道教對他的影響。

王陽明三教通用的主張，是傳統會通之學的發揚，符合中國學術文化發展的規律，「在文化學術上善於博采眾家之長，這是中華人文精神的優良傳

〔註53〕《傳習錄》280。
〔註54〕《傳習錄》17。
〔註55〕《王龍溪全集》卷1。
〔註56〕《龍溪王先生全集》，卷4。
〔註57〕《傳習錄》154。

統」。〔註58〕破除門戶之見，對三教持批判開放的態度，正是這一點，使王陽明能夠在會通三教的基礎上，提出符合時代需要的心學，將儒家的聖人之學推進到一個新的高度。

3、陽明洞之悟

1502 年，王陽明審查刑事案件結束後，肺病再次發作。這次南行前，已有「虛弱咳嗽之疾」，勤勉南下，結果「衝冒風寒，恬無顧忌，內耗外侵，舊疾仍作」〔註59〕，回到北京後又厭煩於辭章詩文上的應酬，遂正式上疏告假養病，在紹興會稽山陽明洞旁築室養病。和 1498 年一樣，疾病再次把王陽明推向了道教。他在此修煉導引之術，按時靜坐，練習氣功，這個時候的王陽明，信奉道教導引術到了極致，《年譜》孝宗弘治十有五年壬戌記載：

> 先生三十一歲，在京師。是年先生漸悟仙、釋二氏之非。先是五月覆命，京中舊遊俱以才名相馳騁，學古詩文。先生歎曰：「吾焉能以有限精神爲無用之虛文也！」遂告病歸越，築室陽明洞中，行導引術。久之，遂先知。一日坐洞中，友人王思輿等四人來訪，方出五雲門，先生即命僕迎之，且歷語其來迹。僕遇諸途，與語良合。驚異，以爲得道。久之悟曰：「此簸弄精神，非道也。」又屏去。已而靜久，思離世遠去，惟祖母岑與龍山公在念，因循未決。久之，又忽悟曰：「此念生於孩提。此念可去，是斷滅種性矣。」明年遂移疾錢塘西湖，復思用世。

「從年譜的記載，從他的詩作，皆可考見陽明是個篤於孝親的人」，〔註60〕長期修煉進一步加深了王陽明對親情的認識，血緣親情是人性的根本表現，隔斷這種親情，就是毀滅人性。這個結論的得出，進一步堅定了王陽明的儒家立場，從此再也沒有動搖。他以「陽明」爲號，既是對這一經歷的紀念，也是以此提醒自己不忘陽明洞所得，堅持儒家本位。

與此的同時，王陽明也自覺與佛教的價值立場劃清了界限，1503 年他移居西湖，「來往於南屏、虎跑諸剎，有禪僧坐關三年，不語不視，先生喝之曰：『這和尚終日口巴巴說甚麼！終日眼睜睜看甚麼！』僧驚起，即開視對語。

〔註58〕 張岱之：《中華人文精神》（增訂本），西安：陝西人民出版社，2007 年，頁 129。

〔註59〕 《全集》卷 9，《乞養病疏》。

〔註60〕 鍾彩鈞：《王陽明思想之進展》，臺北：文史哲出版社，1994 年，頁 13。

先生問其家。對曰：『有母在。』曰：『起念否？』對曰：『不能不起。』先生即指愛親本性諭之，僧涕泣謝。明日問之，僧已去矣。」〔註61〕「這個故事與他前一年訪問蔡蓬頭成為鮮明的對照。他見到蔡蓬頭時迫切要求學習導引術成仙，而他見到西湖這和尚時，卻已經運用禪宗的機鋒棒喝，指明出家坐禪是違反人的本性。這表明王守仁這時已與佛老劃清界限，並學會以禪攻禪的高明手段了。」〔註62〕

此後，王陽明對佛老進行了一系列公開的批評，1509年，他在《答人問神仙》中指出，道教所謂的長生不老只是荒誕的傳說，並沒有事實上的依據：「若後世拔宅飛升、點化投奪之類，譎怪奇駭，是乃秘術曲技，尹文子所謂『幻』，釋氏謂之『外道』者也。若是謂之曰有，亦疑於欺予矣。」1510年，他又勸說朋友徐禎卿不要信服金丹長生之說。〔註63〕1515年，王陽明做《諫迎佛疏》，明確指出佛教不適合中國國情，不可以治國平天下。同一時期，王陽明的詩句也表現了類似的意思，「長生在求仁，金丹非外待」〔註64〕，「靜虛非虛寂，中有未發中」〔註65〕。

1504年，陽明主考山東鄉試，而有《山東鄉試錄》之作，確立了儒佛之辨的理論依據。《山東鄉試錄》代表了陽明在龍場之悟前對儒學的認識和造詣。《山東鄉試錄》表明，陽明對於何為聖人有了新的認識，聖人的作為不必表現為英雄行為與功名，只要有憂民之念，責任之心，顏回的素其位而行，也與禹稷同道：

> 聖人各有憂民之念，而同其責任之心。夫聖人之憂民，其心一而已矣。……夫禹、稷之心，其急於救民蓋如此。此其所以雖當治平之世，三過其門而不入也歟！雖然，急於救民者，固聖賢憂世之本心，而安於自守者，又君子持己之常道。是以顏子之不改其樂，而孟子以為同道於禹、稷者，誠以禹、稷、顏子莫非素其位而行耳。後世各徇一偏之見，而仕者以趨時為通達，隱者以忘世為高尚，此其所以進不能憂禹、稷之憂，而退不能樂顏子之樂也歟！〔註66〕

〔註61〕《年譜》孝宗弘治十有五年壬戌條。
〔註62〕鄧艾民：《朱熹王守仁哲學研究》，上海：華東師大出版社，1989年，頁83。
〔註63〕《全書》卷25，《徐昌國墓誌》。
〔註64〕《全書》卷19，《贈陽伯》。
〔註65〕《全書》卷19，《八詠》其六。
〔註66〕《全集》卷22，《山東鄉試錄》。

在成聖的方式上，陽明「仍然朱子之教講格物窮理，他說顏回之學爲先格物窮理，然後依理以行，在知行關係上，仍主張知先行後：「今夫天下之事，固有似禮而非禮者矣；亦有似非禮而實爲禮者矣；其纖悉毫釐至於不可勝計，使非盡格天下之物而盡窮天下之理，則其疑似幾微之間，孰能決然而無所惑哉？夫於所謂非禮者既有未辨，而斷然欲以之勿視聽言動，是亦告子之所謂不得於言而勿求於心耳，其何以能克己復禮而爲仁哉？夫惟顏子博約之功，已盡於平日，而其明睿所照，既已略無纖芥之疑，故於事至物來，天理人欲，不待議擬，而已判然，然後行之勇決而無疑滯，此正所謂有至明以察其幾，有至健以致其決者也。」〔註67〕

山東鄉試的第二年（1505年），陽明開始在京師講學，年譜三十四歲條云：「是年先生門人始進。學者溺於詞章記誦，不復知有身心之學。先生首倡言之，使人先立必爲聖人之志。聞者漸覺興起，有願執贄及門者。」他教育學生的方式與當時流行的辭章記誦之學迥異，「使人先立必爲聖人之志」，「這是他繼《山東鄉試錄》這篇從心性上辨儒家與佛老的宣言後應該走上的行徑。但是在走回儒學之道時，對朱子格物說的困惑應該還是隱伏於胸中，等待解決機緣的來臨」〔註68〕。被時人目爲「立異好名」。

這個時候與湛甘泉訂交，「共以倡明聖學爲事」，無疑增強了陽明從事儒家聖學事業的信心。王陽明與湛甘泉訂交後，深受他的影響，「某幼不問學，陷溺於邪僻者二十年，而始究心於老、釋。賴天之靈，因有所覺，始乃沿周、程之說求之，而若有得焉。顧一二同志之外，莫予翼也，岌岌乎僕而後興。晚得友於甘泉湛子，而後吾之志益堅，毅然若不可遏，則予之資於甘泉多矣。」〔註69〕《年譜》乙丑條詳細記載了王陽明與湛若水訂交的背景和過程：「是年先生門人始進。學者溺於詞章記誦，不復知有身心之學。先生首倡言之，使人先立必爲聖人之志。聞者漸覺興起，有願執贄及門者。至是專志授徒講學。然師友之道久廢，咸目以爲立異好名，惟甘泉湛先生若水時爲翰林庶吉士，一見定交，共以倡明聖學爲事。」

「終陽明一生，他所極力抨擊的對象無非是記誦辭章、注疏支離之學……在湛若水的影響下，陽明當時已經在『內──外』之間選擇了『內』的立場」

〔註67〕《全集》卷22，《山東鄉試錄》。
〔註68〕鍾彩鈞：《王陽明思想之進展》，臺北：文史哲出版社，1994年，頁19。
〔註69〕《全集》卷7，《別湛甘泉序》。

〔註70〕，抨擊訓詁之學，選擇「內」的立場，就是倡導身心之學。陽明對甘泉之學的評價，揭示了身心之學的關鍵，「甘泉之學，務求自得者也」。「自得」作為身心之學最鮮明的特點，所強調的就是學以提升主體德性、學以成聖。

與湛甘泉訂交，堅定了王陽明成聖的信念。這一點在王陽明赴謫龍場兩人的酬答詩中能清楚的看出來。其七說：「憶與美人別，贈我青琅函。受之不敢發，焚香始開緘；諷誦意彌遠，期我濂洛間。道遠恐莫致，庶幾終不慚。」其八說：「憶與美人別，惠我雲錦裳。錦裳不足貴，遺我冰雪腸。寸腸亦何遺？誓言終不渝。珍重美人意，深秋以為期。」都表現出了一種紹接濂洛遺緒、自覺昌明聖學的意識。

三、成聖可能的證明與成聖方法的探索與完善

1、龍場之悟：成聖的可能

武宗正德元年丙寅，陽明抗疏直諫，被廷杖繫獄，隨後貶謫貴州龍場。此後，就發生了著名的龍場之悟。關於龍場之悟的記載，《傳習錄》、黃綰《陽明先生行狀》以及《年譜》都有所記載，王陽明在《朱子晚年定論》的編序中也回憶了這一段歷史。其中年譜記載最為詳細：

> 先生始悟格物致知。龍場在貴州西南萬山叢棘中，蛇虺魍魎，蠱毒瘴癘，與居夷人鴃舌難語，可通語者，皆中土亡命。舊無居，始教之範土架木以居。時瑾憾未已，自計得失榮辱皆能超脫，惟生死一念尚覺未化，乃為石墩自誓曰：「吾惟俟命而已！」日夜端居澄默，以求靜一；久之，胸中灑灑。而從者皆病，自析薪取水作糜飼之；又恐其懷抑鬱，則與歌詩；又不悅，復調越曲，雜以詼笑，始能忘其為疾病夷狄患難也。因念：「聖人處此，更有何道？」忽中夜大悟格物致知之旨，寤寐中若有人語之者，不覺呼躍，從者皆驚。始知聖人之道，吾性自足，嚮之求理於事物者誤也。乃以默記《五經》之言證之，莫不吻合，因著《五經臆說》。〔註71〕

可以看出：龍場之悟得力於靜坐工夫，作為工夫的第一關就是超越了生死。黃綰《陽明先生行狀》記載：「公於一切得失榮辱皆能超脫，惟生死一念，尚

〔註70〕陳來：《有無之境──王陽明哲學的精神》，北京：人民出版社，1991年，頁22。

〔註71〕《年譜》武宗正德三年戊辰條。

不能遣於心，乃爲石廓，自誓曰：『吾今惟俟死而已，他復何計？』日夜端居
默坐，澄心精慮，以求諸靜一之中。一夕，忽大悟，踴躍若狂者。」陽明晚
年居越時有《次韻謙之》一詩（《全書》卷 20），其中云：須從根本求生死，
莫向支流辨濁清。久奈世儒橫臆說，競搜物理外人情。陽明以爲更重要的是
須從根本上求得生死之道。陽明在龍場能克去生死之念，就是辨天理人欲到
了最根本的地步。不爲生死之念所繫著怖畏，這是沒有私欲的生，也便是「根
本的生道」。〔註72〕

　　龍場之悟中，啓發王陽明得出「心即理」結論的話頭乃是「聖人處此，
更有何道」，也就是說，即便在貶謫龍場、備極艱難的情況下，王陽明仍然思
考的是成聖的問題。聯繫這一背景來理解「心即理」，或許有助於進一步把握
其意義。龍場之悟的結論「聖人之道，吾性自足，嚮之求理於事物者誤也」，
這裡的性也就是心。這句話用理論化的語言表述就是，心即理。反過來說，
心即理說肯定了聖人之道在「吾性」，爲王陽明一直探索的成聖提供了理論上
的保證。

　　龍場之悟後，陽明「以所記憶《五經》之言證之，一一相契，獨與晦庵
注疏若相牴牾，恒往來於心，因著《五經臆說》。」聯繫《五經臆說》可以幫
助我們更好的理解這一點。《五經臆說》本46卷，今存 12 條載《王陽明全集》，
其中《春秋》3 條，《易》4 條，《詩》5 條。《春秋》3 條，討論的主要是君臣
爲政之道，所切入的角度爲心，強調了心在成人治國中的關鍵地位，人心之
正邪對於政治秩序具有決定作用，人要根據條件的變化隨時「正心」，這是一
個沒有窮盡的過程；《易》4 條，則是從本體的角度，強調了「實理流行」，是
「始而終，終而復始，循環無端，周流而不已者也」，人應該順因這一流行的
實理隨時正心。只要其心無私，其進退都是合乎正道的；《詩》5 條則以武王
等的盛德，證實了人應隨時正心，以順天則，則能以德配天。這一方面是對
自己前此政治經驗的總結，另方面則是對「心即理」的證實。具體而言，人
只要根據情況變化隨時「正心」，格去私欲，則無論進退都合乎天理，都是能
夠以德配天的聖人。

2、成聖方法的探索與完善：誠意與致良知的提出

　　成聖的可能性得到證明之後，如何成聖的問題成爲王陽明關注的焦點。

〔註72〕鍾彩鈞：《王陽明思想之進展》，臺北：文史哲出版社，1994 年，頁26。

錢德洪對王陽明為教理論的變化概括說：

> 先生……為教也亦三變：……居貴陽時，首與學者為「知行合
> 一」之說；自滁陽後，多教學者靜坐；江右以來，始單提「致良知」
> 三字，直指本體，令學者言下有悟：是教亦三變也。〔註73〕

事實上，在「多教學生靜坐」之後，王陽明還有一個倡導「事上磨煉」的時期，這裡並沒有點出。除此而外，錢德洪關於王陽明「為教三變」的概括大體符合實際。但應該看到，王陽明前期倡導靜坐、倡導事上磨煉、倡導知行合一，其中心指向都在於誠意，這一點在王陽明對《大學古本序》的修改中可以清楚地反映出來。因此，本文把王陽明對於成聖方法的探究劃分為前後兩個階段，前期的誠意之教和後期的致良知之教。

　　龍場悟道提出「心即理」說的第二年，王陽明被聘為龍場書院主講，其時提出「知行合一」說，這一命題是針對朱熹的格物說提出的。前面已經說過，王陽明有三次研究格物之學的經歷，提出知行合一就是在悟得「心即理」後，對知行關係的重新定義，是王陽明對成聖路徑的探索。與知行合一同時提出的是靜坐，「蓋因吾輩平日為事物紛拏，未知為己，欲以此補小學收放心一段工夫耳」〔註74〕，所謂「學者欲為聖人，必須廓清心體，使纖翳不留，真性始見，方有操持涵養之地」〔註75〕，靜坐與知行合一一樣，都是為了「廓清心體」。

　　此後，王陽明提出了事上磨煉之說。靜坐涵養心體，容易流於虛寂，和坐禪入定無法區分，有悖於誠身成聖的初衷，「學以明善誠身，只兀兀守此昏昧雜擾之心，卻是坐禪入定，非所謂『必有事焉』者矣」〔註76〕。在這種情況下，作為救蔽補偏的對策，王陽明提出了事上磨煉之說，在實事中磨煉體認此心，具體而言就是在事上磨煉喜怒哀樂等感情，在處事中存天理滅人欲。

　　事上磨煉能夠在日常踐履中隨時提撕以誠意，雖然有利於事為，卻不能直接有益於涵養未發之中。基於這種考慮，王陽明探索提出了知行合一的學說。知行合一說提出的主要目的，在於倡導力行的同時一定要有相應的心理狀態或者說主觀上的道德覺悟相伴隨，也就是重視主觀上的道德覺悟，這把

〔註73〕錢德洪：《刻文錄序說》，載《王陽明全集》卷41。
〔註74〕《全集》卷4，《與辰中諸生》。
〔註75〕《年譜》武宗正德五年庚午條。
〔註76〕《全集》卷4，《與王純甫》之三。

誠意之教推到了一個新的高度。

總起來講，在龍場悟道後，陽明所提出的靜坐、事上磨煉，以及知行合一，都是爲了誠意。靜坐涵養心體，是靜中的工夫，事上磨煉是動中的工夫，而知行合一則實現了動靜合一。但這三者都缺乏學問的「大頭腦」，並沒有解決決定行爲方式的規範從何而來的問題，缺乏一個明確的標準或者依據，並沒有爲誠意、爲「存天理、滅人欲」提供一個行爲的標準。這是整個誠意之教的不足。繼續探索的結果，是王陽明提出了致良知的學說。

良知的學說，王陽明 1512 年與徐愛談話時候就已經提及了，「知是心之本體。心自然會知，見父自然知孝，見兄自然知弟，見孺子入井，自然知惻隱。此便是良知。不假外求。」〔註77〕1514 年，王陽明在滁州講學時，再次提出了良知：「邇來只說『致良知』。良知明白，隨你去靜處體悟也好。隨你去事上磨煉也好，良知本體原是無動無靜的：此便是學問頭腦。我這個話頭，自滁州到今，亦較過幾番，只是『致良知』三字無病。」〔註78〕1521 年，王陽明提出致良知的學說，這一功夫在動靜兩重情況下都能做修養功夫、在重視外在德行的同時強調內在德性的提高，成爲王陽明關於成聖工夫論的最後定論。

3、聖人境界論：萬物一體之仁

萬物一體之仁是王陽明晚年著力闡發的。《年譜》嘉靖三年條云：

> 門人日進……宮剎卑隘，至不能容。蓋環坐而聽者三百餘人。
> 先生臨之，只發《大學》萬物同體之旨，使人各求本性，致極良知
> 以至於至善，功夫有得，則因方設教。故人人悅其易從。

對一體之仁的闡發，主要集中在《大學問》中。從成聖之道的角度上看，萬物一體之仁是王陽明對聖人境界的描述。它的提出表明，陽明的爲學重點由原來的「修己」轉變爲積極承擔民胞物與之責任。這既是陽明對於聖人之道理解的深化，也是其致良知說的極致和必然歸宿。聖人不只是求得一己修養之提高，更應該通過「親民」等活動，自覺承擔起仁民愛物的人文關懷。事實上，後者正是求得一己修養完滿的必然甚至是唯一路徑。

萬物一體之仁說的意義，在於高揚了良知的意義，天地萬物以人爲中心，人是天地鬼神的主宰，人的良知也是草木瓦石的良知。由此，每一個人都應

〔註77〕《傳習錄》8。
〔註78〕《傳習錄》262。

將自己的良知是非推廣到天下，其關懷遍潤萬物，以天下萬物爲一體，並建立起理想的社會。聖人就是在到達「萬物一體之仁」這一境界的意義上被稱爲聖人的。

　　從聖人境界論的角度看，四句教的價值在於其強調了萬物一體，破除了認爲善惡之間存在絕對界限的觀念。與此同時，萬物一體之仁學說，指出了到達聖人境界關鍵的一點是意識到「本來若是」的「心之仁」，使本心得以呈現，這也是王陽明所說的致良知說所最終要揭示的。綜合起來，萬物一體之仁的學說，一方面強調了對本心的呈現，另一方面高揚了良知的意義，同時強調了仁民愛物的人文關懷，這三方面構成了王陽明對於聖人境界的描述。同時，王陽明由一體之仁出發，對理想社會特別是理想的社會分工進行了論證，正是由於一體之仁的提出，王陽明一生所追求的成聖目標有了一個圓滿的結果。

四、王陽明的聖人觀

　　王陽明成聖之道的意義，在於他提出了對聖人的新的詮釋，對成聖方法有了新的探索，同時，王陽明把成聖的可能性擴大到了每一個人，這一點在宋明理學甚至整個中國思想史上有突破性意義。嵇文甫就是在這個意義上，稱王陽明爲「道學界的馬丁・路德」，聖人的資格放寬了，「聾聖人，啞聖人，土聖人，農聖人，大大小小、形形色色的聖人，都該爲陽明所容許。於是，許多下層社會的份子，都有機會闖入聖人的門牆了」〔註 79〕。如果我們聯繫中國思想史上聖人觀念的發展演變，對這一點會看的更清楚。

1、早期儒家的聖人觀

　　「聖」從耳從口，這表明聖人既善於聆聽，又善於言辭，能「聽」到神的聲音，領悟到天命之所在，並將這一點傳遞給別人，聖人是天人之間的中介，具有濃厚的宗教色彩，能通達具體事物的根本意蘊，對天道和人道有著最深刻的體驗和感受。

　　另一方面，聖人作爲「百世之師」，被認爲是文明的創造者和制度的發明者。「中國思想史上，儒、道、法、墨諸家均有聖境、聖人，然其差異非常明顯。儒家的聖人是典型、規範的道德人格，富有濃厚的倫理色彩；道家的聖

〔註 79〕轉引自陳立勝：《王陽明萬位一體論》，上海：華東師大出版社，2008 年，頁 90。

人則是體認自然，清靜無爲，鄙棄名教，具有放浪形骸，特立獨行的生活意境的理想人格。法家的聖人則純是物質文明的創造者，通曉社會治亂興衰之哲理，是一位『救群生之亂，去天下之禍』的王者，而墨家的聖人除了是製器作物的英雄之外，還是極其簡約和苦行的絕世豪傑」〔註80〕「夫陰陽、儒、墨、名、法、道德，此務爲治者也」〔註81〕，可以看出，作爲理想人格的聖人，寄託了各家所設想的治理天下的方案。儒家的聖人，不僅有功於物質文明的發展，同時在社會政治與精神文化方面有巨大貢獻，在禮樂、制度上有多方面的創造，承擔著敬天愛民等宗教性任務，同時也表現出孝悌等家庭美德，具有典型的倫理色彩。

孔子對聖人極爲推崇，孔子自述「十有五有志於學……五十而知天命，六十而耳順，七十而從心所欲，不逾矩」〔註82〕以聖人爲參照和標準回顧自己的一生，孔子自認爲有聖性，卻並不自認爲神，這表明在孔子這裡，聖人的標準已經變成了道德性的人格。但孔子同時認爲聖人不僅具有卓越的道德修養，而且能博施濟眾，就此而言，甚至堯舜也不被孔子視爲聖人。這一事實表明，在孔子這裡，純粹的道德性標準與博施濟眾的功利標準仍然糾纏在一起。

孟子在繼承孔子觀念認爲「大而化之之謂聖，聖而不可知之謂神」的同時，對聖人做出了富有人文色彩的解釋「舜，人也，我亦人也」〔註83〕，並且斷言「聖人與我同類者」〔註84〕，使得聖人由被崇拜的對象成爲了人們努力追求的目標。孟子同時肯定了每個人經過努力，是能夠成爲聖人的，「規矩，方員之至也；聖人，人倫之至也。欲爲君盡君道，欲爲臣盡臣道，二者皆法堯舜而已矣。」〔註85〕聖人是社會中的道德完全的人，這比起孔子的聖人觀念有了很大進步。

需要注意的是，儘管孟子認爲「人皆可以爲堯舜」，承認聖人和普通人之間不再有不可逾越的鴻溝，這並不意味著他認爲每個人都是平等的，他仍然認爲「勞心者治人，勞力者治於人」，「這個觀點的邏輯結論是：一旦一個人

〔註80〕范立舟：《宋代理學與中國傳統歷史觀念》，陝西人民出版社，2003年，頁3。
〔註81〕《史記·太史公自序》。
〔註82〕《論語·爲政》。
〔註83〕《孟子·離婁下》。
〔註84〕《孟子·告子上》。
〔註85〕《孟子·離婁上》。

因修德而成聖賢，便應該成爲政治上的統治者，這便是他所謂的『以德行仁者王』」〔註86〕。這也就是說，每個人都能夠成爲聖人，普通的勞心者有成聖的可能性，但是成爲聖人之後，便不再是勞心者了，作爲治於人的勞心者階層，仍然被隔離在聖人之外。

在漢代神學化經學思潮下，聖人也成爲超越時空的神秘存在，三皇五帝、三代聖王、孔子等都是感天而生，是人們必須頂禮膜拜、絕對信從的聖人，這相對於先秦儒學對聖人的人文化解釋，是思想史上的逆流。王充說，「儒者論聖人，以爲前知千歲，後知萬世，有獨見之明，獨聽之聰，事來則名，不學自知，不問則曉，故稱聖則神矣」〔註87〕，所批判的就是這樣的聖人觀念。此後，魏晉時代關於聖人有情與聖人無情、聖人可學與不可學的熱烈討論，就是對漢儒聖人觀的肅清。〔註88〕這一思想上的肅清，爲宋代知識論進路的成聖工夫論的提出，廓清了道路。

2、宋初的聖人觀

宋明理學的興起，與當時知識分子的「聖人」志向密切相關。而理學興起之後，又爲儒家的聖人觀念增加了新的內涵。理學的興起，從胡瑗的「明體達用」之學開始，以「經義」爲體、「治事」爲用，對作爲體的「內聖」十分推崇。如果聯繫古文運動時期儒家學者如韓愈等的態度，這一點就能清楚地看出來。

以《大學》爲例，韓愈在與佛老的抗爭過程中，找到了代表儒家學說的《大學》作爲理論依據。在《原道》中，韓愈引用《大學》「古之欲明明德於天下者先治其國，欲治其國者先齊其家，欲齊其家者先修其身，欲修其身者先正其心，欲正其心者先誠其意」一段文字，指出「古之所謂正心而誠意者，將以有爲也」，批評佛老二教「欲治其心，而外天下國家，滅其天常」，造成「子焉而不父其父，臣焉而不君其君，民焉而不事其事」的結果。在引用《大學》文句時，韓愈並沒有引用緊接著的一句「欲誠其意者先致其知」。這表明，在韓愈這裡，《大學》的主要內容是宣揚「內聖外王」的政治學說，他據以批判佛老的理論依據，仍然是《大學》提倡的外王的一套，所批判的，也只是

〔註86〕張灝：《幽暗意識與民主傳統》，北京：新星出版社，2006年，頁62。
〔註87〕《論衡·實知》。
〔註88〕參見湯用彤：《魏晉玄學論稿·王弼聖人有情義釋》，上海：上海世紀出版集團，2005年。

佛老忽視承擔社會責任的行爲，致知等內聖問題沒有引起特別的重視，

到胡瑗這裡，情況就明顯不同了。宋仁宗景祐二年，蘇州知府范仲淹上書朝廷，請求設立蘇州府學。得到批准後，范仲淹聘胡瑗爲蘇州府學教授，同時胡瑗又被延請爲湖州州學教授。胡瑗首創「經義」、「治事」兩齋並置的分科教育制度，取得了明顯的效果，蔡襄在《太常博士致仕胡君墓誌》中說，胡瑗在蘇、湖兩州教授，「解經至有要義，懇懇爲諸生言其所以治己而後治乎人者。學徒千數……皆傳經意，必以理勝；信其師說，敦尚行實。」〔註89〕門生劉彝在回答宋神宗所問王安石與胡瑗兩人孰優的問題時候說，「臣師胡瑗以道德仁義教東南諸生時，王安石方在場屋中修進士業。臣聞聖人之道，有體、有用、有文。君臣父子，仁義禮樂，歷世不變可者，其體也。……臣師當寶元、明道之間，尤病其失，遂以明體達用之學授諸生。夙夜勤瘁，二十餘年，專切學校，始於蘇湖，終於太學，出其門者無慮數千餘人。故今學者明夫聖人體用，以爲政教之本，皆臣師之功，非安石比也。」〔註90〕可以看出，在胡瑗這裡，與「治事」比較起來，「明體」更受到重視，這與韓愈有了明顯的不同。

而後王安石變法，所持的學說就是「內聖外王」，這是從胡瑗的「明體達用」之學轉手而來〔註91〕從王安石開始，儒學被引入了內聖與外王互爲體用的自覺階段。要成就外王事業，首先要有內聖上的卓越修爲，成爲當時士大夫的共識。即便在王安石變法失敗以後，理學家總結其中原因，仍然是從內聖外王的角度進行的。「大致說來，他們認定王安石『內聖』之學不正，是他『外王』失敗的根源所在。」〔註92〕「其內聖部分——『道德性命』——又吸收了佛老的觀念，它一直是二程和張載抨擊的對象。」〔註93〕理學家認爲，要開出外王事業，需要做好純正的儒家內聖工夫。如何成聖成賢，成爲理學家關注的焦點。

在宋代，理學家直接的教育對象是「士」，而不是一般所謂的「民」。理

〔註89〕《宋元學案·安定學案》。

〔註90〕《宋元學案·安定學案》。

〔註91〕參看余英時：《朱熹的歷史世界》，北京：三聯書店，2004年，上篇第6章。

〔註92〕余英時：《宋明理學與政治文化》長春：吉林出版集團有限責任公司，2008年，頁4。

〔註93〕余英時：《宋明理學與政治文化》長春：吉林出版集團有限責任公司，2008年，頁4。

學家與普度眾生的釋氏不同，只是從「士」階層中尋找「傳道」的對象。周敦頤說，「聖希天，賢希聖，士希賢。伊尹、顏淵，大賢也。志伊尹之所志，學顏淵之所學」﹝註94﹞，「成聖成賢」的對象是「士」，要把「士」培養爲「治天下」的人才，儘管「民」與「士」之間的流動性因爲科舉制的存在而有所加劇，但一般的「民」在成爲「士」之前，並沒有被納入成聖的範圍，這就是宋代對成聖範圍的界定。在成聖方法上，所推崇的是知識論的路徑，通過對知識的學習，掌握多方面的才能，最終成爲無所不能的聖人。最明顯地體現這一特點的，是朱熹的聖人觀。

3、朱熹的聖人觀

在朱熹看來，天和人之間各有所能，各有所分：

> 人在天地中間，雖只是一理，然天人所爲，各自有分，人做得底，卻有天做不得底。如天能生物，而耕種必用人；水能潤物，而灌漑必用人；火能爆物，而薪爨必用人。裁成輔相，須是人做。﹝註95﹞

眞正能夠「繼天立極」，裁成輔相，做天地所不能做的事情的，就是聖人：

> 問繼天立極。曰：天只生得許多人物，與你許多道理。然天卻自做不得，所以生得聖人爲之修道立教，以教化百姓，所謂裁成天地之道，輔相天地之宜是也。蓋天做不得底，卻須聖人爲他做也。﹝註96﹞

聖人之所以能有這許多神異的表現，其中的奧妙在於聖人與道的關係：

> 蘇子由云：學聖人不如學道。不知道便是無軀殼底聖人，聖人便是有軀殼底道。如何將做兩個物事看。﹝註97﹞

聖人是道的肉身化，是道在現實世界最直觀最具象的呈現，聖人是「赤骨立底天理，光明照耀，更無蔽障」﹝註98﹞聖人的言行舉止無不體現了道的要求，道的無所不包，決定了聖人的無所不學、無所不知、無所不能：

> 聖主於德，固不在多能，然聖人未有不多能者。﹝註99﹞

﹝註94﹞　《通書‧志學第十》。
﹝註95﹞　黎靖德編：《朱子語類》卷64。
﹝註96﹞　黎靖德編：《朱子語類》卷14。
﹝註97﹞　黎靖德編：《朱子語類》卷130。
﹝註98﹞　黎靖德編：《朱子語類》卷190。
﹝註99﹞　黎靖德編：《朱子語類》卷36。

> 蓋聖人之動，便是元亨；其靜，便是利貞，都不是閒底動靜。
> 所以繼天地之志，述天地之事，便是如此。如知得恁地便生，知得
> 恁地便死，知得恁地便消，知得恁地便長，此皆是繼天地之志。隨
> 他恁地進退消息盈虛，與時偕行，小而言之，饑食渴飲，出作入息；
> 大而言之，君臣便有義，父子便有仁，此都是述天地之事，只是這
> 個道理。〔註100〕

聖人的動靜施為都有著明智的考慮，富有深刻的含義，擔負著「撐天柱地」
的重任：

> 看古之聖賢別無用心，只這兩者是吃緊處：明明德，便欲無一
> 毫私欲；新民，便欲人於事事物物上皆是當。正如佛家說，「為此一
> 大事因緣出見於世」，此亦是聖人一大事也。千言萬語，只是說這個
> 道理。若還一日不扶持，便倒了。聖人只是常欲扶持這個道理，教
> 他撐天柱地。〔註101〕

聖人通過「明明德」和「新民」，教化百姓，「裁成天地之道，輔相天地之宜」，
可以看出，朱熹心目中的聖人，其主要功能在於扶持「這個道理」，一方面使
人「無一毫私欲」，另方面「於事事物物上皆是當。」聖人不只是有修養工夫，
更在事功和才能上有著卓越的表現：

> 自古無不曉事情底聖賢，亦無不通變底聖賢，亦無關門獨坐底
> 聖賢。聖賢無所不通，無所不能，那個事理會不得！如《中庸》「天
> 下國家有九經」，便要理會許多物事。如武王訪箕子，陳洪範，自身
> 之貌言視聽思，極至於天人之際，以人事則有八政，以天時則有五
> 紀，稽之於卜筮，驗之於庶徵，無所不備。如《周禮》一部書，載
> 周公許多經國制度，便有國家當自家做。〔註102〕

> 聖主於德，固不在多能，然聖人未有不多能者。〔註103〕

包獻道自江西來，朱熹對他說：

> 與公鄉里（按即陸九淵）平日說不同處，只是重個讀書與否，
> 講究義理與否。如某便謂須當知得方始行得。孟子所謂詖淫邪遁之

〔註100〕黎靖德編：《朱子語類》卷116。
〔註101〕黎靖德編：《朱子語類》卷17。
〔註102〕黎靖德編：《朱子語類》卷117。
〔註103〕黎靖德編：《朱子語類》卷36。

> 辭，何與自家事，而自家必欲知之何故？若是不知其病痛所自來，
> 少間，自家便落在裏面了。孔子曰，詩可以興、可以觀、可以群、
> 可以怨，邇之事父，遠之事君，多識於鳥獸草木之名。上面六者，
> 故當理會：若鳥獸草木之名，合用自家知？但是既爲人，則於天地
> 之間物理，須知得方可。〔註104〕

可以看出，朱熹一方面強調了聖之爲聖，在於其最深刻的體現了天理的要求，能夠繼天立極裁成輔相。另一方面，在朱熹哲學中，天理以理一分殊的方式，在萬事萬物中間都有所體現，「聖人事事會」〔註105〕，在才能上有許多卓著的表現。「天理大，所包得亦大。」〔註106〕聖人作爲天理的具象化，有其事事處處體現出無所不知、無所不能的一面。也就是說，天理的無所不包，要求聖人無所不能。在現實的修爲中，往往是這最後一點，也就是對知識才能的學習和掌握，稱爲成聖最迫切的要求，對一切事物，都應當格而求其理。

朱子解釋孟子的「萬物皆備於我」，認爲是萬理皆備於我的意思：

> 事事物物，各有一個道理，施之於物，莫不各當其位，如人君
> 止於仁、人臣止於敬之類，各有一至極道理。又云凡萬物莫不各有
> 一道理，若窮理則萬物之理，皆不出此。曰此是萬物皆備於我，曰
> 極是。〔註107〕

要達到萬理皆備於我，就需要採取格物致知的辦法，「即凡天下之物，莫不因其已知之理而益窮之，以求至乎其極」〔註108〕，這一特徵決定了成聖之道的知識論路徑，只有重視學習，無所不學，無所不格，對天下萬事逐一理會，無所不知，無所不能，才能成爲聖人：

> 《大學》首說格物致知。爲甚要格物致知？便是要無所不格，
> 無所不知。物格知至，方能意誠、心正、身修，推而至於家齊、國
> 治、天下平，自然滔滔去，都無障礙。〔註109〕

事實上，朱熹本人也是沿著這條路徑做成聖工夫的。朱熹少年時候無所不學，

〔註104〕黎靖德編：《朱子語類》卷190。
〔註105〕黎靖德編：《朱子語類》卷36。
〔註106〕黎靖德編：《朱子語類》卷117。
〔註107〕黎靖德編：《朱子語類》卷190。
〔註108〕參見朱熹：《大學章句》。
〔註109〕黎靖德編：《朱子語類》卷117。

「禪道文章，楚辭兵法，事事要學，出入無數文字，事事有兩冊。」〔註110〕
誠如王陽明所言，「文公精神氣魄大。是他早年合下便要繼往開來。故一向只
就考索著述上用功。若先切己自修，自然不暇及此」〔註111〕，朱熹的成聖方
法體現出了明顯的知識論路徑。

4、王陽明的聖人觀

4.1 成色與分量

《傳習錄》上載：

> 希淵問：「聖人可學而至。然伯夷伊尹於孔子，才力終不同。其
> 同謂之聖者安在？」先生曰：「聖人之所以爲聖，只是其心純乎天理，
> 而無人欲之雜。猶精金之所以爲精，但以其成色足而無銅鉛之雜也。
> 人到純乎天理方是聖。金到足色方是精。」〔註112〕

這裡所說的所謂的金子的「分量」所隱喻的，並非是聖人的社會身份與地位〔註
113〕而是聖人的才能或者才力：「蓋所以爲精金者，在足色，而不在分兩。所
以爲聖者，在純乎天理，而不在才力也。」〔註114〕與此相應，這裡王陽明強
調的作爲聖人之本質性規定的天理，是與朱熹所強調的才能相對立的，而不
是與漢儒所謂「聖王事業」相對立的。

確切地說，王陽明所強調的作爲聖人之本質性規定的「天理」，乃是與朱
熹對聖人的本質規定有關的。王陽明對聖人的見解，就是基於對朱熹強調知
識才能的反對：

> 後世不知作聖之本是純乎天理。卻專去知識才能上求聖人。以
> 爲聖人無所不知，無所不能。我須是將聖人許多知識才能，逐一理
> 會始得。故不務去天理上著工夫。徒弊精竭力。從冊子上鑽研，名
> 物上考索，形迹上比擬。知識愈廣而人欲愈滋。才力愈多而天理愈
> 蔽。正如見人有萬鎰精金，不務煆煉成色，求無愧於彼之精純。而
> 乃妄希分兩，務同彼之萬鎰。錫鉛銅鐵，雜然而投。分兩愈增，而

〔註110〕黎靖德編：《朱子語類》卷140。
〔註111〕《傳習錄》100。
〔註112〕《傳習錄》99。
〔註113〕見陳立勝：《「聖人有過」：王陽明聖人論的一個面向》，載《學術研究》2004
　　　　年第4期。
〔註114〕《傳習錄》99。

成色愈下。既其梢末，無復有金矣」。時日仁在傍曰：「先生此喻，足以破世儒支離之惑。大有功於後學」。先生又曰：「吾輩用力，只求日減，不求日增。減得一分人欲，便是復得一分天理。何等輕快脫灑？何等簡易？」〔註115〕

王陽明提出，「所以爲聖者，在純乎天理，而不在才力也。」〔註116〕「聖人之所以爲聖人，惟以其心之純乎天理而無人欲」〔註117〕，貶低了聖人形迹的重要性，斬斷了聖人與才力之間的聯繫。在王陽明看來，精金之爲精金，不在其分量，而在其成色。與「金到足色」就是精金相應的是，「人到純乎天理」就是聖人，聖人不是「無所不知，無所不能」，只要做到「純乎天理」，則不論其才力如何，都是聖人。「聖人無所不知，只是知個天理；無所不能，只是能個天理」〔註118〕，德性的圓滿成爲成聖的唯一要素。

4.2 心之良知是爲聖

經歷宸濠之亂和張忠許泰之變，在多次政治鬥爭之後，王陽明從「百死千難」的磨難中對得出了良知之說。王陽明說：「天命之性，粹然至善。其靈昭不昧者，此其至善之發見，是乃明德之本體，而即所謂良知者也，至善之發見，是而是焉，非而非焉。」〔註119〕良知是「明德的本體」，是「天命之性，粹然至善」，有其天道根源，是一切道德的本原，在不同的條件表現爲不同的道德行爲。

> 澄問：「仁、義、禮、智之名，因已發而有？」曰：「然。」他日，澄曰：「惻隱、羞惡、辭讓、是非，是性之表德邪？」曰：「仁、義、禮、智也是表德。性一而已，自其形體也謂之天，主宰也謂之地，流行也謂之命，賦於人也謂之性，主於身也謂之心。心之發也，遇父便謂之孝，遇君便謂之忠，至此以往，名至於無窮，只一性而已。」〔註120〕

朱子以仁、義、禮、智爲未發之性，惻隱、羞惡、辭讓、是非爲已發之情，而王陽明卻把仁、義、禮、智和惻隱、羞惡、辭讓、是非都作爲爲已發，只

〔註115〕《傳習錄》99。
〔註116〕《傳習錄》99。
〔註117〕《全集》卷7《示弟立志說》。
〔註118〕《傳習錄》227。
〔註119〕《全集》卷26，《大學問》。
〔註120〕《傳習錄》38。

有良知才是未發之中,良知是心之本體,是德性的本原,在不同的境遇下展開爲各種道德行爲。

王陽明對良知即是天理的明確解釋是:「良知是天理之昭明靈覺處,故良知即是天理。思是良知之發用,若是良知發用之思,所思莫非天理矣。良知發用之思自然明白簡易,良知亦能知得。」〔註121〕「良知只是一個天理自然明覺發現處,只是一個眞誠惻怛,便是他本體。」〔註122〕天理在心中的表現是主動自覺的,只要不被私欲障蔽,心自然就表現爲天理,而良知作爲內在的道德意識和道德判斷,是以天理爲其內容的,是天理在心中的自覺與明察,天理亦在良知那裡呈現,在此意義上,「故良知即是天理」。在這裡,所謂的「理」更多地表示普遍的道德規範,如孝親、事君之類。理作爲普遍的道德規範,是超越個體而存在的。

王陽明「良知即天理」的命題肯定了作爲普遍存在的理內在於人心。通過引入個體的情感、意向、信念,天理普遍化爲個體意識,具有了主體性的色彩。這裡所謂的天理也就是良知,人人皆有,先驗地內在於人心中,它是爲人所共有的道德意識的根源。

這樣,王陽明所追求的聖人標準就可以簡潔明瞭的表達爲人人心中自有的「良知」,而良知也就是聖人之所以爲聖的內在根據,這也就是王陽明多次明確指出的,「心之良知是謂聖,聖人之學,惟是致此良知而已。」〔註123〕這樣的聖人觀念,相對於所謂的「其心純於天理」而言,顯得更爲簡易直接,也更切中聖人的本質,是王陽明對聖人觀念最圓融的表達。

肯定了成聖的根據在於每個人先天具有的良知,也就是肯定了每個人都有成聖的可能。在王陽明這裡,「個個人心有仲尼」〔註124〕,成聖的大門是向所有人敞開的。他給了所有人成聖的信心,指出聖人可以學而至,並在隨後提出「誠意」「致良知」等「簡易直接」的方法。

4.3 聖人可學而至

確立了聖人的本質性規定在於「純乎天理」,實際上把成聖的條件放寬了,也降低了爲聖的難度:

〔註121〕《傳習錄》169。
〔註122〕《傳習錄》189。
〔註123〕《全集》卷8,《書魏師孟卷》。
〔註124〕《全集》卷20,《詠良知四首示諸生》。

故雖凡人而肯爲學，使此心純乎天理，則亦可爲聖人。猶一兩之金，比之萬鎰，分兩雖懸絕，而其到足色處，可以無愧。故曰「人皆可以爲堯舜」者以此。〔註125〕

人人皆有良知，這是每個人經過修養可以達到「純乎天理」的根本保證。良知的普遍性，說明每個人都具備成聖的條件，只要經過眞切體認，認得自己良知明白，人人都可以爲聖人：

聖人氣象自是聖人的，我從何處識認。若不就自己良知上眞切體認，如以無星之稱而權輕重，未開之鏡而照妍媸，眞所謂以小人之腹而度君子之心矣。聖人氣象何由認得？自己良知原與聖人一般，若體認得自己良知明白，即聖人氣象不在聖人而在我矣。〔註126〕

王陽明和弟子的一段對話，把這層意思說的更加具體顯豁：

在虔，與于中、謙之同侍。先生曰：「人胸中各有個聖人，只自信不及，都自埋倒了。」因顧于中曰：「爾胸中原是聖人。」于中起不敢當。先生曰：「此是爾自家有的，如何要推？」于中又曰：『不敢。』先生曰：「眾人皆有之，況在于中，卻何故謙起來？謙亦不得。」于中乃笑受。又論：「良知在人，隨你如何不能泯滅，雖盜賊亦自知不當爲盜，喚他做賊，他還忸怩。」于中曰：「只是物欲遮蔽，良心在內，自不會失；如雲自蔽日，日何嘗失了！」先生曰：「于中如此聰明，他人見不及此。」〔註127〕

成聖的關鍵，不在於知識才能，不需要無限制地增長知識才幹，孜孜不倦地「從冊子上鑽研，名物上考索，形迹上比擬」，學者爲聖人的關鍵在於「去人欲而存天理」：

學者學聖人，不過是去人欲而存天理耳。猶煉金而求其足色。金之成色，所爭不多，則煆煉之工省，而功易成。成色愈下，則煆煉愈難。〔註128〕

良知是永恒的、普遍的，可以被遮蔽，但永遠不會消失。即便是爲惡之人，其良知也在隱隱約約的發揮作用，只要隨事磨煉，時時警醒以誠其意，切實

〔註125〕《傳習錄》99。
〔註126〕《傳習錄》146。
〔註127〕《傳習錄》207。
〔註128〕《傳習錄》99。

做「存天理滅人欲」的工夫，就能夠成爲聖人。

4.4 素其位而行

在王陽明看來，眞正的聖人就是能夠安於自己所處的環境，順應環境，以此作爲成就自己道德人格的憑藉，並且能夠超越環境的限制，在既定條件下成就人格：

> 問：「孔門言志：由、求任政事，公西赤任禮樂，多少實用。及曾點說來，卻似耍的事，聖人卻許他，是意何如？」曰：「三子是有意必，有意必便偏著一邊，能此未必能彼；曾點這意思卻無意必，便是『素其位而行，不願乎其外』、『素夷狄行乎夷狄，素患難行乎患難，無入而不自得』矣。三子所謂『汝器也』，曾點便有不器意。然三子之才，各卓然成章，非若世之空言無實者，故夫子亦皆許之。」
> 〔註129〕

王陽明認爲，與任政事、任禮樂等行爲相比，曾點所言說的志向，雖然看起來「似耍的事」，卻得到了聖人的贊許，其中的原因就在於，他體現了「素其位而行，不願乎其外」的精神。曾點能夠安於自己所處的環境，接受既定的條件，在並非由自己所挑選的條件下，成就了自己的道德人格。

「泰然的接受現實是人類與世界、與他人以及與自己和諧相處的條件，是幸福生活的前提，也是能讓主體生活意義不會被現實證實爲謊言的條件。」〔註130〕現實是行爲的起點，是一切有意義的行爲賴以生長的基點。任何有志於聖學的人，都不應該把自己所處的環境當作成就人格的障礙：

> 家貧親老，豈可不求祿仕？求祿仕而不工舉業，卻是不盡人事而徒責天命，無是理矣。但能立志堅定，隨事盡道，不以得失動念，則雖勉習舉業，亦自無妨聖賢之學。若是原無求爲聖賢之志，雖不業舉，日談道德，亦只成就得務外好高之病而已。此昔人所以有「不患妨功，惟患奪志」之說也。〔註131〕

接受現實是第一步，超越現實是第二步。做到「無入而不自得」的關鍵在於，把各種環境都作爲超越的依據，作爲磨煉德性成就自我的機會，道德修煉與

〔註129〕《傳習錄》29。
〔註130〕（德）羅伯特・施佩曼：《道德的基本概念》，沈國琴譯，上海：上海譯文出版社，2007年，頁82～83。
〔註131〕《全集》卷4，《寄聞人邦英邦正》。

日常生活打成一片，這也是王陽明理想中的聖人的現實表現。

4.5 對歷史上的聖人的看法

　　與對成聖路徑的不同確認相關，在對待歷史上的聖人的時候，王陽明與朱熹也表現出了差異。落實到對堯舜與孔子這幾個聖人的評價上，朱熹在《中庸章句序》中認為，「若吾夫子則雖不得其位，而所以繼往聖、開來學，其功反有賢於堯舜者」，認為孔子賢於堯舜。而王陽明則認為堯舜賢於孔子，「中國聖人，以堯舜為最」〔註132〕。堯舜與孔子同為聖人，而堯舜勝過孔子。上述精金之喻就明確指出，「堯舜猶萬鎰。文王孔子猶九千鎰」，文王孔子與堯舜之間的差距顯而易見。

　　以《易經》為例：

> 　　伏羲作《易》，神農、黃帝、堯、舜用《易》，至於文王演卦於羑里，周公又演爻於居東。二聖人比之用《易》者似有間矣精……孔子玩《易》，韋編乃至三絕，然後歎《易》道之精……比之演卦演爻者更何如？更欲比之用《易》如堯、舜，則恐孔子亦不自安也。
> 〔註133〕

「堯、舜用《易》」而「孔子玩《易》」，孔子對《易經》經過了一個較長時間的艱苦學習，才認識到「《易》道之精」。如果把孔子比之「用《易》如堯、舜，則恐孔子亦不自安也。」如前所述，在王陽明這裡，聖人的標準不再是博學多能，而是個體的內在德性。但王陽明對同樣是聖人的堯舜與孔子之間做出高下的判別，其根據何在？

　　回答這一問題，需要聯繫王陽明對成聖工夫論的認識。在王陽明看來，成就內在德性，需要做的是在身心上做實際工夫，誠意和致良知就是他對此做的探索。這一方法是對朱熹知識論路徑的否定。

　　朱熹主張，通過「道問學」的途徑實現「尊德性」，強調通過對儒家文獻的學習和理解提升個體的內在德性，但這一方法帶來的弊端是顯而易見的，朱子後學陷入繁瑣的辭章考據，並沒有達到存心盡性的目的。「文王演卦」與「孔子玩《易》」就是這一知識論路徑的典型體現。

　　在王陽明看來，知識才能是外在的，與德性本身並沒有直接的必然關係。內在德性的提高不能局限於或者等同於知識才能的學習。與閱讀學習儒家的

〔註132〕《全集》卷9，《諫迎佛疏》。
〔註133〕陳榮捷：《傳習錄詳注集評》，臺北：學生書局，1984年，頁409～411。

道德文獻的路徑不同，王陽明主張內在德性的提高，應該通過「百死千難」的道德實踐來確立自身的道德主體性，他說：

> 夫目可得見，耳可得聞，口可得言，心可得思者，皆下學也。
> 目不可得見，耳不可得聞，口不可得言，心不可得思者，上達也。
> 如木之栽培灌溉，是下學也。至於日夜之所息，條達暢茂，乃是上
> 達。人安能預其力哉？故凡可用功，可告語者，皆下學。上達只在
> 下學裏。凡聖人所說，雖極精微，俱是下學。學者只從下學裏用功，
> 自然上達去。不必別尋個上達的工夫。〔註134〕

內在德性的提高，需要在日用常行中踐履，在「下學」中實現「上達」，「人須在事上磨煉做功，乃有益」〔註135〕。堯舜高於周公孔子的地方，就在於「堯舜用《易》」，能夠把道德知識的學習與日用常行結合起來，把「知識融入人生的道德信仰之中而不是使知識吞噬人生的道德信仰」，「不是死讀儒家文獻以擴充其知識和增益才能技藝」。〔註136〕總之，否定知識性路徑，強調在事實中磨煉以提高內在德性，這是王陽明判別歷史上的聖人的根本標準。

4.6 王陽明聖人觀提出的社會背景

陽明出生前後，明代的社會矛盾和邊患都比較突出，「天下波頹風靡爲日已久，何異於病革臨絕之時」〔註137〕。同時，作爲意識形態主流的程朱理學陷入教條僵化，成爲抽象的義理束縛，脫離政治道德實踐，背離了儒學以修養爲追求的傳統，「自科舉之業盛，士皆馳騖於記誦辭章，而功利得喪分惑其心。於是，師之所教，弟子之所學，遂不復有明倫之意矣」〔註138〕。

自成化至正德年間，形成革新批判程朱理學的氛圍。王陽明的思想正是順應這一社會歷史需求的產物。王陽明平民化聖人觀的出現，其根本原因在於明代的現實的社會政治生態給他以最直接最有力的刺激。出於扶植封建綱常的需要，他最終選擇了從社會底層入手，而不是倚重士大夫階層，提出了富有平等色彩的學說，以此爲封建倫理制度做出了新的論證。

與明代相比，宋朝的政治結構最大的特點就是，士大夫佔據著較重要的地位，具有高度發展的政治主體意識。宋代李燾的《續資治通鑒長編》卷221

〔註134〕《傳習錄》24。
〔註135〕《傳習錄》204。
〔註136〕畢誠：《儒學的轉折》，北京：教育科學出版社，1992年，頁235。
〔註137〕《全集》卷21，《答儲柴墟》之二。
〔註138〕《全集》卷7，《萬松書院記》。

中有這樣的記載：

> 熙寧四年三月戊子，上召二府對資政殿。文彥博言：「祖宗法制
> 具在，不須更張，以失人心。」上曰：「更張法制，於士大夫誠多不
> 悅，然於百姓何所不便？」彥博曰：「爲與士大夫治天下，非與百姓
> 治天下也。」上曰：「士大夫豈盡以更張爲非，亦自有以爲當更張者。」

在這段對話中，無論宋神宗或文彥博都承認這樣一個前提：宋代皇帝是「與
士大夫治天下」。「與士大夫治天下」，是宋王室的「祖宗法制」。作爲宋王室
信賴的政治勢力，士大夫與皇帝之間是「共治天下」的合作關係。這種合作
關係的確認，激勵起士大夫「先天下之憂而憂，後天下之樂而樂」的主體精
神，這種政治社會環境下，宋儒提出了「爲天地立心，爲生民立命，爲往聖
繼絕學，爲萬世開太平」的宏大抱負。

在這種情況下，在承擔封建教化的責任時，士大夫所表現出來的方式乃
是以個人完善道德修養自上而下地教化百姓，即朱熹所謂的「新民」的方式。
士大夫個人的精神發展、道德修養也自然而然地成爲程朱所關注的中心課題。

而明代的情形就大不相同了。明代絕對的君主專制到了登峰造極的地
步。明代封建專制主義的空前強化，在各個領域都有著突出的表現。以意識
形態領域爲例，明初三部《大全》的頒佈，以欽定的形式，確立了程朱理學
在思想界的統治地位。《大全》對程朱的經傳、集注以及程朱後學的注解，加
以輯集，以至被指責爲「竊取」「抄襲」。尊崇程朱理學，是專制主義在文化
領域的突出的表現，其核心就是維護皇權的至高無上。明代的統治者一方面
尊崇程朱理學，「先朝守宋儒之書如矩鑊，毋敢逾尺寸。故懲朱季友，而經學
至深邃也。句沿字踵，等於苴蠟。於是曲士鑿其偶見，稍有所緣飾，而矯異
之寶，紛至四出。彼季友一斥不再振，則當時功令可相見也。」〔註139〕甚至
對不同意宋儒觀點的書實行專政，不惜製造多起禁書案。永樂二年（1404年）
七月，江西饒州府鄱陽儒生朱季友向朝廷獻上其所著的書，結果因其中對宋
儒周（敦頤）、程（頤、顥）、張（載）、朱（熹）的著作提出不同意見，被指
爲「詞理謬妄，謗毀聖賢」，結果朱季友受到了嚴厲的處罰，「遣行人押還鄉
里，會布政司、按察司及府縣官，杖之一百，就其家搜檢所著文字，悉毀之，
仍不許稱儒教學」〔註140〕。朱季友獲罪後，書禁案時有發生，史書記載的就

〔註139〕談遷：《國榷》卷13。
〔註140〕《明太宗實錄》卷33。

有正統七年傅寬進《太極圖說》、成化二十年陳公懋刪改《四書朱子集注》、弘治元年陳公懋上所著《書》《易》《學》《庸》注等，都因書中內容「穿鑿背理」，不合程朱家法，輕則焚所著書，重則褫官爲民。〔註141〕

另一方面，則是對傳統儒學思想中帶有濃厚民本主義色彩的精華進行篡改，使儒家思想更徹底的爲專制政治服務。朱元璋把儒學思想的要旨概括爲「敬天」、「忠君」、「孝親」三項。三項中的核心就是「忠君」。凡是不合乎「尊君」之道、對皇權構成威脅的，一律加以申斥。洪武二年，朱元璋就下詔，令天下不必通祀孔子，「孔廟春秋釋奠，止行於曲阜，天下不必通祀。」(《明史・錢唐傳》)，理由就是感到對孔子的禮祀超過了帝王。

朱元璋明顯的表示出了對孟子的不滿：

> 上讀《孟子》，怪其對君不遜，怒曰：「使此老在今日，寧得免耶？」時將丁祭，遂命罷配享。〔註142〕

這樣暴怒的理由就是《孟子》中提出了民貴君輕的思想，《孟子・離婁下》中說，「君之視臣如草芥，則臣視君如寇讎」，朱元璋大爲生氣，認爲「非臣子所宜言」，在罷孟子配享之後，洪武二十七年（1394 年），朱元璋命令劉三吾修《孟子節文》，對《孟子》書的 85 條予以刪減，根據丁易的研究，被刪減的主要包括以下內容：不許說統治者及其走狗官僚的壞話，不許說統治者要負轉移風氣的責任，不許說統治者應該行仁義之政，不許說反對征兵征稅和戰爭的話，不許說人民可以反抗暴君、可以對暴君報復的話，不許說人民應該豐衣足食，不許說人民有地位和權利的話〔註143〕。

可以看出，明代倡導理學的實質，是爲了強化封建專制統治，傳統儒學中的民本思想等精華，在明代弘揚理學的同時被壓制。這個時候的理學，已經成爲國家的意識形態，和明初廢除宰相、設置東廠西廠等手段一起，成爲強化專制統治的手段。在專制統治的高壓下，士大夫們強烈的社會使命感與經世自負感大受打擊，給士大夫帶來了極嚴重的精神創傷。〔註144〕這在正德年間詹事霍韜的上書中表露無遺：

〔註141〕參見商傳：《明代文化史》，上海：東方出版中心，2007 年，頁 81～83。
〔註142〕全祖望：《鮚埼亭集》，卷 35《辯錢尚書爭孟子事》。
〔註143〕見丁易：《明代特務政治》，北京：群眾出版社，1983 年，頁 407～408。
〔註144〕參見余英時：《明代理學與政治文化發微》，載氏著《宋明理學與政治文化》，長春：吉林出版集團有限責任公司，2008 年；陳泉：《王陽明聖人觀的平民化傾向及其政治原因》，載《重慶師院學報》2000 年第 1 期。

> ……昔漢光武尚名節，宋太祖刑法不加衣冠，其後忠義之徒爭
> 死效節。夫士大夫有罪下刑曹，辱矣。有重罪廢之、誅之可也，乃
> 使官校眾執之，脫冠裳，就桎梏，朝列清班，暮幽狴獄，剛心壯心
> 銷折殆盡。及覆案非罪，即冠帶立朝班。武夫捍卒指目之曰：「某，
> 吾辱之。某，吾繫執之。」小人無忌憚，君子遂致易行。此豪傑所
> 以興山林之思而變，故罕仗節之士也。

此時的士大夫作為一個群體，基本上看不到宋代士大夫所固有的「先天下之
憂而憂」、「共治天下」的擔當意識。士大夫們非但不以「治國平天下」為己
任，並且由於自身的尷尬地位，也不以維護封建道德自命了。這在明初的學
者薛瑄、吳與弼、陳獻章等人身上都有著突出的表現。薛瑄「在宣、正兩朝，
未嘗錚錚一論事；景皇易儲，先生時為大理，亦無言……及蕭愍之獄，繫當
朝第一案功罪是非，而先生僅請從末減，坐視忠良之死，而不救」。〔註 145〕
吳與弼訟弟並為權臣石亨作跋，由石亨推薦出仕又對石亨稱門下士，士林引
以為恥。陳獻章「初至京，潛作十詩頌太監梁方，方言於上，乃得授職。」〔註
146〕在代表專制皇權的宦官勢力面前卑躬屈膝，枉道從勢，是明代士大夫不堪
皇權重壓、喪失基本道德立場的又一突出表現。

到了明代中葉，王陽明所處之時代，「為大臣者外託慎重老成之務，而內
為固祿希寵之計；為左右者內挾交蟠蔽壅之資，而外肆招權納賄之惡。習以
成俗，互相為奸。憂世者，滑之迂狂；進言者，目以浮躁；沮抑正大剛直之
氣，而養成怯懦因循之風……」〔註 147〕士大夫的道德敗壞，使封建綱常岌岌
可危。

「綱常不可亡於天下，苟在上者無以任之，則在下者之任也。」〔註 148〕
以明朝中葉政治狀況而言，士大夫階層的遭遇和普遍的軟弱，使得王陽明實
在不能對宋儒所推崇的「新民」的教化方式抱多大的信心。在這種情況下，
與宋儒與君「共治天下」的豪情不同，王陽明把目光轉向下層，希望能通過
啟發普通民眾的自信、自覺，把他們塑造成封建綱常的捍衛者。在聖人觀表
現出平民化傾向的同時，王陽明所採用的教化方式主要是講學。這從一個側

〔註 145〕《明儒學案・師說》。
〔註 146〕《明儒學案・白沙學案》。
〔註 147〕《全集》卷9，《陳言邊務疏》。
〔註 148〕《宋元學案》卷15、卷90。

面反映出，與宋代理學和明前期理學不同，王陽明思想中，道德的實踐主體已經由單純的囿於士大夫階層擴大到了整個「四民」〔註149〕。

〔註149〕 參見陳泉：《王陽明聖人觀的平民化傾向及其政治原因》，載《重慶師院學報》2000年第1期。

第二章　成聖本體論：心即理

　　宋明理學由早期向晚期轉變的一個顯著標誌是，學術討論中心命題的轉移。早期理學重點討論的是理氣之間的關係，而明代理學重點討論的是心與理之間的關係，理學「性與天道」的中心話題本身，有一個「天道」向「性」的偏移。〔註1〕這一區別的思想史意義在於，學術關注的重點由宇宙論、本體論逐漸轉移到了人生修養論。

　　『心即理』是王守仁心學的邏輯起點，是其哲學思想的理論基礎，也是他的宇宙觀。」〔註2〕不僅如此，心即理更是奠定整個王學思想體系的基礎。龍場之悟所得出的結論「聖人之道，吾性自足」，用理論化的語言表示，就是「心即理」。這一命題的提出，不僅僅是對龍場遭遇的解答，更是陽明通過對自己早年人生經歷的理論反思，提出了自己對於人性問題的解釋，表達了他對儒家學說精神的認識和對待道德主體的價值態度，對一直縈繞陽明心胸的成聖可能性的疑問作出了肯定的回答。在心即理說提出之後，所謂的「聖賢有分」不再成為問題，此後的陽明所要探索的是如何成聖的具體路徑。

　　「聖人之學，心學也，堯舜禹之相授受」。〔註3〕心即理命題的提出，是王陽明在全面繼承儒家學說的基礎上提出的，是王陽明會通朱陸兩家學術的

〔註1〕　參見侯外廬、邱漢生、張豈之主編：《宋明理學史》上冊對理學重要範疇的分析，頁9~10。在「道學宗主」周敦頤的著作中，心作為一個範疇尚未出現；直到陳淳的《北溪字義》，心範疇才進入理學主要條目，「心」與「理」之間的關係似乎並不能作為宋明理學的基本問題，反而是「性與天道」的概括更合乎實際，但在心學傳統中心──理關係確屬全部體系的關鍵。

〔註2〕　侯外廬、邱漢生、張豈之主編：《宋明理學史》，北京：人民出版社，1987年，頁207。

〔註3〕　《全集》卷7《象山文集序》。

結果。從儒學發展來看，孟子最早提出心的概念，朱熹最早提出了「心與理一」〔註4〕把這一點作爲功夫修養追求的目標，希望能夠達到「心與理一」的境界，而陸九淵則首先提出了「心即理」的命題。王陽明在繼承前人關於心和理的理論基礎上提出這一命題。理解王陽明心即理命題的內涵，需要聯繫早期儒學思想和朱陸的思想進行詮釋。

一、對王陽明心即理說的不同詮釋

由於「心即理」命題在王陽明學說中的奠基地位，理解這一命題的內涵成爲理解陽明心學思想的關鍵。對於這一命題的詮釋，陳來以康德式的理性主體爲自身立法的進路進行詮釋，認爲心即理就是理性主體的自我立法；楊國榮則以休謨的同情心爲參照詮釋儒家的「心」概念，認爲心即理就是道德規範與道德意識合一。〔註5〕

1、作爲理性主體自我立法的心即理

陳來在《有無之境》中比照康德的思想，對王陽明思想進行詮釋。他認爲，陽明提出「心」觀念就是要表達康德式的道德理性──實踐理性：

在康德哲學中，「道德主體」是指作爲實踐理性的意志，它是純理性，排除一切感性的成分，僅從理性上處理各種欲望官能，心學中常常以不嚴格的「心」所表達的「本心觀念」，在此意義上，就是明確肯定這樣一個道德主體，全部心學的基礎和整個心學所要表達的就是道德主體的概念。儘管心學由於未能明確區分意志與意念在理論上造成了許多問題，但建立道德主體這一取向十分突出。〔註6〕

心既然是實踐理性，它就不以「認識」爲目的，而以求得至善爲責任，它的任務是確定實踐原理究竟是由主體以內的決定原理來決定，還是以主體以外的決定原理來決定。站在這個立場上，一切指責心學不能完成認識任務的批評都是不恰當的。〔註7〕

〔註4〕《朱子語類》卷1。

〔註5〕參見英冠球：《比較哲學的一些例子》，載香港人文哲學學會網站，見 http://humanum.arts.cuhk.edu.hk/，本節論述參考了英冠球的分析，特此注明。

〔註6〕陳來：《有無之境──王陽明哲學的精神》，北京：人民出版社，1991年，頁34。

〔註7〕陳來：《有無之境──王陽明哲學的精神》，北京：人民出版社，1991年，頁35。

陳來將「心」等同於「實踐理性」，「心即理」就是說，所有道德準則（理）
都來自道德主體（心）。這固然指出了儒家哲學與康德哲學相同的一面，但是
在儒家哲學與康德哲學之間，更有明顯的不同存在。如前所述，在儒家孟子
最早提出本心的概念，按照孟子的詮釋，本心包含有惻隱、羞惡、辭讓、是
非等內容，既包括情的成分又包括理的成分，換言之，在儒家，道德感情與
道德理性是合一的。這一點在王陽明這裡也不例外。正因為如此，對心把握
理的方式就不能局限於純粹的理性思考，而是應該將道德情感的內容考慮進
去，某種程度上需要有直覺性的把握，孟子所講的「由仁義行，非行仁義」，
最明顯地表現出了儒家與康德之間的區分。

　　實際上，陳來對這一點也有所認識，在同一書中他指出，儒學文本中的
本心觀念有不同於康德的更為豐富的內涵。但是出於對康德式倫理觀念的信
守，他把儒家哲學中理性之外的本心內容都看成是非本質的，並認定造成這
一結果的原因在於中國思想分析性不足：「心學雖然努力建立一個近似於康德
的『道德主體』概念，但並沒有像康德那樣把認識主體與道德主體區分開來，
也沒有區分意志與意念，統統用一個『心』字來表示。」〔註8〕這是用西方哲
學作為參照評價體系來研究儒家哲學的。

　　總起來看，陳來從理性主體自我立法的角度切入，從世界哲學的視野詮
釋「心即理」，無疑賦予了這一命題普遍的意義，這一詮釋突出了心學中強調
主體的一面，以及道德規範的普遍性，但對心學乃至整個儒學與康德哲學不
同的特殊之處重視不夠。具體而言，就是對儒家一直強調的道德感情重視不
夠，沒有擺到應有的位置。實際上，這一點在他即有明確的認識。在同書的
另一處，他清楚地指出儒家哲學與康德哲學的分歧：

　　　　從主體說，心學的「本心」雖是道德主體，但此道德主體與康
　　德規定的道德主體仍有不同，本心雖排斥情慾，但仍有感性的色彩
　　即道德感情。本心提供的道德法則也不是唯一的普遍立法形式，更
　　不用說「形式」與「實踐」的分別也是儒學所無。此外，康德的「自
　　律」包含「服從道德律」，這表明康德的自律意味著理性的反思，而
　　心學的良知具有直覺的意義，包含著道德感情。康德在《道德形而
　　上學探本》中特別強調了「人自己也要服從他所定的這種規律。」

────────────

〔註8〕陳來：《有無之境——王陽明哲學的精神》，北京：人民出版社，1991年，頁
　　　　34。

「服從」的觀念顯然是康德自律學說中與心學很不同的一個觀念。
〔註9〕
儒家的道德主體與康德哲學中的道德主體仍有不同，根本的一點在於，儒家的道德主體有道德感情的成分，而這是康德哲學所要極力摒棄的。同時，在自律問題上，心學的良知含有直覺的意義，而康德哲學的自律則意味著理性的反思。這顯示出陳來對於儒家哲學與康德哲學的區別，是從兩者互有不同特點的角度切入的，二者之間並沒有所謂等級上的差異。

2、作為道德規範與道德意識合一的心即理

楊國榮的《心學之思》在分析陽明「心即理」的內涵時說：

> 王陽明所說的心即理，首先是指普遍的道德規範（作爲當然之則的天理）與個體道德意識的合一。按其本義，道德不同於法，它並不是以強制的方法迫使主體接受某種規範。只有把普遍的道德律轉化爲個體的信念、情感、意願，才能有效地影響主體的行爲。倫理規範滲透於主體的過程，也實際上即是普遍的道德規範與個體的信念、情感、意願等等相融合的過程。正是通過這種交融，道德才獲得了內在的力量。……通過理內化於心而達到理與心的融合，主要從主體意識的形成及其內在結構上，展開了「心即理」這一命題的內涵。除了理向心的內化外，心即理還具有另一重涵義，即心通過外化而顯現和展示理；而心外化的過程，也就是「在物」的過程。〔註10〕

楊國榮將「心即理」解釋爲理「內化」於心，和理「外化」爲實在的兩種「過程」。但是，這兩種過程都不可能是陽明「心即理」的意思。首先，「心即理」是王陽明對於本體的理解，是對於成聖可能性的證明和把握，而不是對成聖工夫的指示。但楊國榮將「心即理」想成是人須要透過努力才能達致的「過程」及其後果，便明顯是將「心即理」理解爲工夫或實踐工夫後才有的境界，這便已經與陽明有了相當的距離。

另外，陽明說「知是心之本體，心自然會知」〔註11〕，又說「聖人之道，

〔註9〕 陳來：《有無之境──王陽明哲學的精神》，北京：人民出版社，1991年，頁38～39。
〔註10〕 楊國榮：《心學之思：王陽明哲學的闡釋》，北京：三聯書店，1997年，頁82～83。
〔註11〕 《傳習錄》8。

吾性自足」〔註12〕，「心外無理」〔註13〕，理不在心外，理不是外在的道德規範，並不需要通過「內化」之後才能眞正成就「心即理」的「主體意識」狀態，而是對這一狀態的直接確認。最後應該看到，「心即理」也沒有「外化」的意思，「心即理」說的是「外化」（如果所謂「外化」是指將此理付諸實踐的話）之所以可能的本體根據，是成聖的本體論上的依據。最終能否「外化」出來，成爲聖人，則還看能否做到致知格物的著實工夫，是否能夠通過誠意、通過致良知而達到「萬物一體之仁」的境界，而這工夫義並不包涵於「心即理」的主張之內，這與楊國榮的上述詮釋，有著明顯的不同。

二、早期儒學與理學中關於心與理的理論

1、孟子論心

孟子以心釋仁，在繼承孔子思想的同時，爲仁奠定了一個內向的基礎。在孟子，心代表一個自覺的主體，包括有情感、認知思維以及道德本能等三方面內容，具體包括了四心，「惻隱之心，人皆有之；羞惡之心，人皆有之；恭敬之心，人皆有之；是非之心，人皆有之。」〔註14〕當孟子說「惻隱之心」時，指的就是情感作用之心；當孟子說「是非之心」，說「心智官則思。思則得之，不思則不得也」時，所指的就是人的認知與思維能力；當孟子說「行有不慊於心則餒矣」時，這個時候的心就是先驗的道德主體。

在這三重意義中，情感的地位得到了特別的強調。孟子說：「大人者，不失其赤子之心者也。」〔註15〕所謂「赤子之心」，是比作爲本體的德性更其本源的惻隱之情，這是作爲本體的仁心善性的淵源所在。這也就是孟子所說：「今人乍見孺子將入於井，皆有怵惕惻隱之心，……惻隱之心，仁之端也；羞惡之心，義之端也；辭讓之心，禮之端也，是非之心，智之端也。……凡有四端於我者，知皆擴而充之矣，若火之始然、泉之始達。」〔註16〕這裡，惻隱情感作爲最本源的情感，是「仁義禮智」那樣的人性本體的內在源泉。是道德的內在根源。

能否發揮惻隱、羞惡、恭敬以及是非等四心以成就仁義禮智四德，關鍵在

〔註12〕《年譜》武宗正德三年戊辰條。
〔註13〕《傳習錄》32。
〔註14〕《孟子·告子上》。
〔註15〕《孟子·離婁下》。
〔註16〕《孟子·公孫丑上》。

於道德實踐，也就是孟子所謂的「存其心」、「養心」、「盡其心」。在孟子看來，「心」是與視覺、聽覺處於同一層面的「官」（心之官則思），而性則是一種有待實現的潛能，只有聖人才成功的實現了這一潛能。「盡其心者，知其性也；知其性，則知天矣；存其心，養其性，所以事天也」〔註17〕只有自覺的擴充天賦的四端之心，才能明白人先天的「仁義禮智之心」。正如唐君毅所言，「孟子言心性之善，乃意在教人緣此本有之善，以自興起其心志，而尚友千古……吾對整個孟子之學之精神，遂宛然得見其中有一『興起一切人之心志，以自下升高，而向上直立之道』，自以爲足以貫通歷代孟學之三大變中之要旨。斯道也，簡言之，可姑名之爲『立人』之道」〔註18〕如何發揮此本有的四心成就四德，關鍵在於行，守住自己靈明的本心，「存心養性」，達到「心性天通而爲一」的境地。

「養心」與「盡心」有賴於「寡欲」和「持志」的修養工夫。「養心莫善於寡欲，其爲人也寡欲，雖有不存焉者，寡矣」〔註19〕人必須對欲望進行節制，以免蒙蔽原有的四心。這一節制欲望、成就心性的過程充滿艱辛，最重要的是要「持志」，「集義」以成就「浩然之氣」，這一過程中要自覺堅守「義」與「道」的價值觀，以免「行有不慊於心則餒矣」。

四心經過推擴，成爲自覺的道德意識，「惻隱之心，仁之端也；羞惡之心，義之端也；恭敬之心，禮之端也；是非之心，智之端也。」〔註20〕「仁義禮智作爲當然之則，構成了人性的具體內容；以四心爲仁義禮智之端，肯定人心與人性的內在關聯。關於這一點，孟子有一個更明瞭的解釋：『君子所性，仁義禮智根於心』（《孟子·盡心上》）人性體現了人的道德本質，人心則折射了人的情感存在；道德並不是一種超驗之物，相反，它一開始便有情感的根源。在人心與人性的聯繫之後，是理性本質與感性存在的某種溝通。」〔註21〕在孟子看來，四德是生而有之的，具有先驗的、形而上的特點，「仁義禮智非由外鑠我也，我固有之也」。〔註22〕

王陽明繼承了孟子關於心的用法，並且進一步深化了其含義：

〔註17〕 《孟子·盡心上》。

〔註18〕 唐君毅：《中國哲學原論·原道篇》（上冊），北京：中國社會科學出版社，2006年，頁94。

〔註19〕 《孟子·盡心下》。

〔註20〕 《孟子·告子上》。

〔註21〕 楊國榮：《心學之思：王陽明哲學的闡釋》，北京：三聯書店，1997年，頁61。

〔註22〕 《孟子·告子上》。

> 心不是一塊血肉，凡知覺處便是心，如耳目之知視聽，手足之知痛癢，此知覺便是心也。〔註23〕

心不是人體的一部分，所指示的是人的知覺。何謂知覺，另外一處說的比較清晰：

> 所謂汝心，亦不專是那一團血肉。若是那一團血肉，如今已死的人，那一團血肉還在，緣何不能視聽言動？所謂汝心，卻是那能視聽言動的，這個便是性，便是天理。有這個性，才能生這性之生理，便謂之仁。這性之生理，發在目便會視，發在耳便會聽，發在口便會言，發在四肢便會動，都只是那天理發生，以其主宰一身，故謂之心。這心之本體，原只是個天理，原無非禮，這個便是汝之眞己。這個眞己是軀殼的主宰。若無眞己，便無軀殼，眞是有之即生，無之即死。〔註24〕

「心，卻是那能視聽言動的，這個便是性，便是天理。」這個時候，心作爲道德主體的意思就很顯豁了。「這個便是汝之眞己」、「主於身也，謂之心」〔註25〕，「就其主宰處說便謂之心」〔註26〕，「以其主宰一身，故謂之心」〔註27〕，「指其主宰處言之謂之心」〔註28〕，這幾句說的意思是一樣的，都是強調了作爲道德主體的心，是此身一切行爲的根源，也就是善與惡產生的源頭。

2、朱熹論心與理一

「人之所以爲學，心與理而已矣」〔註29〕，心與理的關係是朱熹哲學的中心命題，最終的目的是要實現「心便是理」、「渾然一理」。朱熹認爲：「宇宙之間一理而已。天得之而爲天，地得之而爲地，而凡生於天地之間者，又各得之以爲性；其張之爲三綱，其紀之爲五常，蓋皆此理之流行，無所適而不在。若其消息盈虛，循環不已，則自未始有物之前，以至人消物盡之後，終則復始，始復有終，又未嘗有頃刻之或停也。」〔註30〕「理」既是天地萬

〔註23〕《傳習錄》322。
〔註24〕《傳習錄》122。
〔註25〕《傳習錄》38。
〔註26〕《傳習錄》118。
〔註27〕《傳習錄》122。
〔註28〕《傳習錄》201。
〔註29〕朱熹：《四書或問‧大學或問》。
〔註30〕《朱文公文集》卷十七，《讀大紀》。

物的最終根據，又是三綱五常的最終根源，「理在人心是之謂性」，所以「吾之性即天地之理」〔註31〕。因而，朱熹的理是一種具有道德屬性的本體，這一本體同時貫穿著自然界和人類社會。

朱熹認爲，心同時存在於心外與心內，體認此理，要經過「格物窮理」的工夫。「格物」的意思是「即物而窮其理」，《大學或問》中指出，「即物」的手段包括：「或考之事爲之著，或察之念慮之微，或求之文字之中，或索之講論之際」。「即物而窮其理」是指「自其一物之中，莫不有以見其所當然而不容已，與其所以然而不可易者」〔註32〕，陳淳解釋說，「當然，是就目今直看其如此，是理之見定形狀也。所以然，是就上面委曲看其因甚如此，是理之來歷根源也」〔註33〕，眞德秀指出，「如爲君當仁、爲臣當敬、爲子當孝、爲父當慈、與人交當信之類，此乃道理合當如此，不如此則不可，故曰所當然也。然仁敬孝慈之屬，非是人力強爲，有生之初，即稟此理，是乃天之所與也，故曰所以然。所當然是知性，知其理當如此也；所以然是知天，謂知其理所自來也」〔註34〕。所窮之理包括「所當然」與「所以然」兩部分，前者是指「性理」——道德規範，後者指的是物理——自然規律，朱子把二者聯繫起來，其主要目的在於爲仁敬孝慈之類的道德規範，尋找外在的根據。〔註35〕

《大學或問》指出：「天道流行，發育萬物，其所以爲造化者，陰陽五行而已，而所謂陰陽五行者，又必有是理，而後有是氣……故人物之生，必得是理，然後有以爲健順、仁義、理智之性。」萬物化生過程中，理在氣先，是主導性的因素。萬物生成之後，「理」決定人物性質，成爲萬物存在的根據。如果不加以格致之功，會「墮於物欲之私而不自知」，甚至「錯認人欲作天理」。「格物致知」就是以外物爲介質，以求明得在我之理，最終達到「心與理一」。「大凡道理皆是我自有之物，非從外得。所謂知者，便只是知得我底道理，非是以我之知，去知彼道理也。」〔註36〕天理同時存在於心物之中，此理在心爲明德，在物爲其性，並無二致。朱熹在《大學章句》中說，「致，推極也。

〔註31〕黎靖德編：《朱子語類》卷98。
〔註32〕《四書纂疏·大學纂疏》。
〔註33〕《四書纂疏·大學纂疏》。
〔註34〕《四書纂疏·大學纂疏》。
〔註35〕參見王建宏、朱丹瓊：《論朱熹的大學觀》，載《西北大學學報》2002年第2期。
〔註36〕黎靖德編：《朱子語類》卷17。

知，猶識也。推及吾之知識，欲其所知無不盡也」，「格物致知」的目的，就是通過對物理的體察，窮盡心中之理，格物與致知是相互關聯的過程，格物是對外物的體認，致知是通過格物的手段，激發出心中原有之理——性，達到對天理的體認。〔註37〕

「致知之要，當知至善之所在，如父止於慈，子止於孝之類。若不務此，而徒欲泛然以觀萬物之理，則吾恐其如大軍之遊騎，出太遠而無所歸也。」〔註38〕致知工夫的要緊處，在於求得至善之所存，通過「格物」的手段，對理在萬物的表現加以考究，對天理有所體認，最終達到「於天下之物，皆有以究其義理精微之所極」，這樣做的目的在於「明明德」，發明本心——性：「而吾之聰明睿智，亦皆有以盡其心之本體而無不盡矣」，使內在於吾心的天理呈現出來，達到心與理一的目的。〔註39〕

3、陸九淵的「心即理」

陸九淵反對朱熹「及物窮理」的工夫論，提出了「心即理」。「『心即理』中的『心』實際是指先驗的本心及他所表現的良心。」〔註40〕一方面，心是先驗的本心，具有對象化的一面，陸九淵認為，「心只是一個心，某之心，吾友之心，上而千百載聖賢之心，下而千百載復有一聖賢，其心亦只如此」〔註41〕，「東海有聖人出焉，此心同也，此理同也。西海有聖人出焉，此心同也，此理同也。南海、北海有聖人出焉，此心同也，此理同也。千百世之上有聖人出焉，此心同也，此理同也。千百年之下有聖人出焉，此心同也，此理同也。」〔註42〕可以看出，在陸九淵這裡，所謂的心既是個別心，又是普遍心，「某之心」、「吾友之心」、「聖人之心」，都只是一個心，這個心超越了時空，亘古不變，是一個對象化的客觀的心。不僅如此，「宇宙便是吾心，吾心便是宇宙」，本心是與宇宙等同的。「故仁義者，人之本心也」〔註43〕，「心即理」

〔註37〕參見王建宏、朱丹瓊：《論朱熹的大學觀》，載《西北大學學報》2002年第2期。

〔註38〕《四書纂疏·大學纂疏》

〔註39〕參見王建宏、朱丹瓊：《論朱熹的大學觀》，載《西北大學學報》2002年第2期。

〔註40〕陳來：《有無之境——王陽明哲學的精神》，北京：人民出版社，1991年，頁21。

〔註41〕《陸九淵集》卷35，《語錄下》。

〔註42〕《陸九淵集》卷36，《象山先生行狀》。

〔註43〕《陸九淵集》卷1，《與趙監》。

的意思就是說，仁義禮智等道德實踐的規則其最後的依據乃在於心靈世界，在於人人先天就具有的道德本心，這是一切道德行為的最終根據。

在陸九淵這裡，所謂的理一方面是一種客觀性的存在。他說，「此理塞宇宙，如何由人杜撰得？」〔註44〕理是具有固定內容的，「此道充塞宇宙，天地順此而動，故日月不過，而四時不忒；聖人順此而動，故刑罰清而民服」〔註45〕，「天覆地載，秋斂冬肅，俱此理」〔註46〕這一客觀存在的理，同時具備道德律和自然律的含義，「道塞宇宙，非有所隱遁，在天曰陰陽，在地曰柔剛，在人曰仁義。故仁義者，人之本心也」〔註47〕。理作為客觀性的存在，並不以人的認識為轉移，「此理在宇宙間，固不以人之明不明、行不行而加損」〔註48〕。綜合上面幾點來看，陸九淵所謂的理，與朱熹的理，並無二致，都是一種客觀的、超越的、同時貫通自然和倫理的。以著名的鵝湖之會為例，「這場『著名爭論』值得重視的地方，與其說在於它表現了朱陸對『無極』的不同態度，還不如說在於它暴露了朱陸對『太極』的一致理解，即陸九淵也和朱熹一樣，肯認『太極』為道德形上本體、宇宙普遍原理」〔註49〕

另一方面，陸九淵從儒家天人合一的傳統出發，將「理」內化於人心，提出了心學的本體，「此心此理，我固有之，所謂萬物皆備於我。」〔註50〕「理之所在，固不外乎人也。」〔註51〕進而稱「心理為一」：「蓋心，一也；理，一理也；至當歸一，精義無二，此心此理，實不容有二。」〔註52〕這些都強調了理具有主體性的一面。

從上面對心與理的界定出發，陸九淵得出了心即理的命題。「心，一心也；理，一理也。至當歸一，精義無二」〔註53〕心與理之間「實不容有二」，「心

〔註44〕《陸九淵集》卷35，《語錄下》。
〔註45〕《陸九淵集》卷10，《與黃康年》。
〔註46〕《陸九淵集》卷35，《語錄下》。
〔註47〕《陸九淵集》卷1，《與趙監》。
〔註48〕《陸九淵集》卷2，《與朱元晦》。
〔註49〕趙士林：《從陸九淵到王守仁──論「心學」的徹底確立》，載《孔子研究》1989年第4期。
〔註50〕《陸九淵集》卷1，《與任孫睿》。
〔註51〕《陸九淵集》卷32，《學古入官議事以制政乃不迷》。
〔註52〕《陸九淵集》卷1，《與曾宅之》。
〔註53〕《陸九淵集》卷1，《與曾宅之》。

即理」就是反應了本心和天理之間這種不容有二、相互等同的關係。

可以看出，陸九淵的心即理在某種程度上表現出了對朱子理論的遵從。這在王陽明已經有了比較明確的認識。王陽明在與陳九川談論陸九淵時候說：

> 又問：「陸子之學何如？」先生曰：「濂溪、明道之後，還是象山，只是粗些。」九川曰：「看他論學，篇篇說出骨髓，句句似鍼膏肓，卻不見他粗。」先生曰：「然他心上用過功夫，與揣摹依仿，求之文義，自不同。但細看有粗處，用功久當見之。」〔註54〕

王陽明認爲陸九淵之學「細看有粗處」，如何理解這裡所謂的「粗處」呢？牟宗三認爲，這裡所謂的「粗」，「似當就象山本人當身之風格而言」，「象山是高明爽朗之人，直拔俊偉，有類孟子」，「陽明說象山『只還粗些』，亦如明道說孟子有英氣也。『粗些』意即略帶點粗浮與粗略的意思」，「若與陽明相比，則象山之粗只由其以非分解的方式揮斥『議論』點示『實理』而見」，「陽明之說其『只還粗些』恐亦只是不自覺地以自家『分解地有所立』中之文理密察、氣命周到，與象山『非分解方式』下之雷動風行、推宕飄忽相對質，所引起之主觀的實感」〔註55〕從以上材料看，牟宗三所認定的王陽明對陸九淵的判斷，純粹是因爲二人在「風格」和「方式」上的不同所致。

如果我們聯繫王陽明關於陸九淵的另外一處評價，就會發現，事情並不像牟宗三所說的那麼簡單。在辛巳年《與席元山》中，王陽明指出：

> 象山之學簡易直截，孟子之後一人。其學問思辯、致知格物之說，雖亦未免沿襲之累，然其大本大原斷非餘子所及也。執事素能深信其學，此亦不可不察。正如求精金者必務煅煉足色，勿使有纖毫之雜，然後可無虧損變動。蓋是非之懸絕，所爭毫釐耳。

丙戌歲所做的《答友人問》中指出：

> 又問：「致良知之說，眞是百世以俟聖人而不惑者。象山已於頭腦上見得分明，如何於此尚有不同？」曰：致知格物，自來儒者皆相沿如此說，故象山亦遂相沿得來，不復致疑耳。然此畢竟亦是象山見得未精一處，不可掩也。又曰：知之眞切篤實處，便是行；行之明覺精察處，便是知。若知時，其心不能眞切篤實，則其知便不

〔註54〕《傳習錄》205。
〔註55〕以上引文見牟宗三：《從陸象山到劉蕺山》，上海：上海古籍出版社，2001年，頁15～17。

能明覺精察；不是知之時只要明覺精察，更不要真切篤實也。行之
時，其心不能明覺精察，則其行便不能真切篤實；不是行之時只要
真切篤實，更不要明覺精察也。知天地之化育，心體原是如此。乾
知大始，心體亦原是如此。

王陽明在肯定象山之學的同時，指出了其不足在於「其學問思辯、致知格物
之說」「未免沿襲之累」，這才是陽明說象山「有粗處」的根本所在。之所以
如此，最根本的原因在於，在對心與理的界定上，陸九淵強調了心與理客觀
性、對象性的一面。本體論上如此設定，落實到工夫論上，自然不得不沿襲
朱熹格物致知的路子了。

　　從陸九淵的思想來看，在格物致知和知行關係上，他確實有沿襲朱熹之
處，沒有徹底的貫徹心學：

欲明明德於天下，是入大學的標的。格物致知是下手處。《中庸》
言博學、審問、慎思、明辨，是格物之方。〔註56〕

「《乾》以易知，《坤》以簡能」。先生常言之云：「吾知此理即
《乾》，行此理即《坤》。知之在先，故曰《乾》知太始；行之在後，
故曰《坤》作成物。」〔註57〕

先生與學者說及智聖終始條理一章，忽問松云：「智、聖是如何？」
松曰：「知此之謂智，盡此之謂聖。」先生曰：「智、聖有優劣否？」
松曰：「無優劣。」先生曰：「好，無優劣。然孟子云：其至爾力也，
其中非力，如此說似歸重於智。」松曰：「其至爾力也，其中非爾力
也，巧也，行文自當如此。孟子不成到其至爾力也，其中爾巧也。」
先生曰：「是。」松又曰：「智、聖雖無優劣，卻有先後，畢竟致知在
先，力行在後，故曰始終。」先生曰：「然。」〔註58〕

這裡所說的即物窮理、知先行後，與陸九淵本人下面所倡導的工夫論相互矛盾：

所謂格物致知者，格此物致此知也，故能明明德於天下。《易》
之究理，究此理也，故能盡性至命。《孟子》之盡心，盡此心也，故
能知性知天。〔註59〕

〔註56〕《陸九淵集》卷21《雜記‧學說》。
〔註57〕《陸九淵集》卷34《語錄上》。
〔註58〕《陸九淵集》卷34《語錄上》。
〔註59〕《陸九淵集》卷19《武陵縣學記》。

> 某讀書只看古注，聖人之言自明白。且如「弟子入則孝，出則
> 弟」，是分明說與你入便孝，出便弟，何須得傳注？學者疲精神於此，
> 是以擔子越重。到某這裡，只是與他減擔，只此便是格物。〔註60〕

在陸九淵看來，道德修養的首要工夫乃是「發明本心」：「苟此心之存，則此
理自明，當惻隱處自惻隱，當羞惡、當辭讓，是非在前，自能辨之。」〔註61〕
「汝耳自聰，目自明，事父自能孝，事兄自能弟，本無欠闕，不必他求，在
自立而已。」〔註62〕所以他譏諷朱熹「格物窮理」是「支離事業」，而自己的
工夫雖然「易簡」，卻是「直截」。

陸九淵一方面提出了心學的工夫論，另一方面卻並沒有把這一工夫論堅
持到底，而是不自覺地因襲了理學的工夫論。「陸九淵工夫論的矛盾，就在於
他對『格物致知』做了兩種背道而馳的理解：反身而誠與及物究理。前者必
然尋出知行合一，為『心學』工夫論；後者必然尋出知先行後，為『理學』
工夫論。」〔註63〕這和陸九淵在本體論上的矛盾是一致的。

總起來講，陸九淵提出了「心」本體論，成為孟子之後高揚心本體的第
一人，並通過「心即理」的命題強化了主體的本體地位。但這一本心同時具
有先驗性，在保證其永恒普遍的同時，使心對象化、客體化，不再是開放的、
生成的、豐富的、能夠不斷展開其內容的。這樣，所謂主體性的一面被壓制，
自覺不自覺地向朱熹的理學靠攏，這一點在陸九淵的本體論和工夫論上都有
所體現。陸九淵的心本體論表現出明顯的二重性，這也是王陽明尊崇陸學又
批判陸學的原因。正是在繼承批判陸九淵思想的基礎上，王陽明提出了自己
的「心即理」。

三、王陽明的「心即理」

1、對心的重新認識

1.1 朱熹與王陽明關於心的不同界定

龍場之悟之所以能夠產生，根本原因在於，王陽明擺脫了對「心」的功
能的固著。「所謂功能固著就是指不能意識到某種事物除了具有某種主要的功

〔註60〕 《陸九淵集》卷34《語錄下》。
〔註61〕 《陸九淵集》卷34《語錄下》。
〔註62〕 《陸九淵集》卷34《語錄下》。
〔註63〕 趙士林：《從陸九淵到王守仁——論「心學」的徹底確立》，載《孔子研究》
　　　　 1989年第4期。

能之外也有其他功能，功能固著會阻礙我們以新的方式使用舊工具實現問題解決」〔註 64〕。王陽明擺脫對「心」的功能固著的具體表現是，由知覺認識心進到了道德本心，不再把認識心和道德本心膠結在一起談論。

1.1.1 朱子論心：道德心與認知心

在朱熹的思想體系中，心同時表現爲知覺認識心和道德本心。朱熹說，「人心但以形氣所感者而言爾。具形氣謂之人，合義理謂之道，有知覺謂之心。」〔註 65〕心是主體認知之心，具有認識的功能。這一功能體現在兩個方面，一個是知覺之心，「所謂心者，乃夫虛靈知覺之性，猶耳目之有見聞耳。」〔註 66〕「心者人之知覺，主於身而應事物者也。」〔註 67〕「物至而知，知之者心之感也。」〔註 68〕知覺心是人的身體各部與外界事物接觸的產物，對外界的刺激處於被動的接受。另一個是思慮的心。他說：「耳目之官不能思，故蔽於物」〔註 69〕，「心則能思，而以思爲職，凡事物之來，心得其職，則得其理，而物不能蔽。」〔註 70〕思維功能是心之官獨有的，這是心與耳目感官的區別。這裡的心就是思慮的心。思慮是一種比知覺進一步的認識。如果說，知覺是認識過程的初級階段的話，那麼，思則是在知覺基礎上進到對理的認識。綜合這兩個方面，可以說，「心官至靈，藏往知來。」〔註 71〕

另一方面，朱熹的心同時又是道德主體。這一點是朱熹在闡發張載「心統性情」的命題時候表述的。他認爲心統性情有兩層含義，心兼性情和心主性情。關於心兼性情，朱熹說：「性，其理；情，其用；心者，兼性情而言。兼性情而言者，包括乎性情也。」〔註 72〕心包括性情二者，只有性情並舉，才是心之全體。從體用角度講，性是心之體，情是心之用，性體情用都從心上發出來。同時，性與情又是心的「未發、已發」狀態。心之未發爲性，心之已發爲情，情爲性的外在表現，二者統一於道德本心中。對於心主性情，

〔註 64〕（美）Robert J.Sternberg：《認知心理學》，楊炳鈞等翻譯，北京：中國輕工業出版社，2006 年，頁 303。

〔註 65〕黎靖德編：《朱子語類》卷 14。

〔註 66〕《知言疑義》。

〔註 67〕《大禹謨解》。

〔註 68〕《樂記動靜說》，《朱文公文集》卷 67。

〔註 69〕黎靖德編：《朱子語類》卷 59。

〔註 70〕朱熹：《四書章句集注》，中華書局，1983 年，頁 335。

〔註 71〕黎靖德編：《朱子語類》卷 2。

〔註 72〕黎靖德編：《朱子語類》卷 20。

朱熹說：「性，本體也；其用，情也；心，則統性情，該動靜而爲之主宰也。」〔註73〕心主宰性情，性情都受心的統率、管制。心之未發時爲性，此時心中先驗地具有道德原則、道德律令，以心爲主宰就能保持道德本體之心。

　　可以看出，在朱熹的思想中，心同時具有認識心和道德心兩種含義，他對二者的含義並沒有做出明確的區分，這對理解其思想觀點帶來了不必要的麻煩，同時認識心也影響到了道德心的發用，妨礙了道德修養的直接性、緊迫性，更爲重要的是影響到了道德修養的實踐性。

　　1.1.2 王陽明論心：純粹的道德心

　　在朱熹思想中，心的兩種含義糾纏在一起，這給人們瞭解心的道德主體的一面增加了困擾。事實上，王陽明三次接觸格物之學，就是企圖以知覺認識的方法到達道德本心，這條路當然是走不通了。龍場之悟中，王陽明扭轉了思考的方向，從道德主體的角度思考心與理的關係，提出了新的解決心與理問題的思路。他打破了朱熹的以主體吸納外在天理、以格外物來啓發心中本有天理的模式，開始懷疑外物中道德原理的存在，並且退一步說，即便事物中的物理與作爲道德原理的倫理是一致的，格致物理或曰性理，又如何能保證他向善的方向應用呢？這種情況下，王陽明打破已有的思維模式，以全新的眼光思考這一問題，並最終廓清了心的含義。在王陽明這裡，心不再同時具備認識心和道德心，對道德心的開悟，也不再以認識的途徑獲得。

　　「陽明指的心，有三重意義：（1）原始的，純潔的『本心』，（2）受私欲所蔽的『人心』，（3）成聖者重新光復而得的『眞心』。」〔註74〕在王陽明，心實現了體用合一、即體即用。王陽明說，「此心無私欲之蔽，即是天理」，「以此純乎天理之心，發之事父便是孝，發之事君便是忠，發之交友治民便是信與仁。只在此心去人欲存天理上用功便是」〔註75〕做出孝忠信仁等道德行爲的內在基礎就在於「心」，此心便是道德實踐的根據。正是基於這一點，牟宗三以「作用見性」定義陽明的「心」，「認爲心是超越的道德本心，透過靈感與明覺，心可以引申出種種道德實踐之原則」，〔註76〕這都強調了心的道德意義。

〔註73〕黎靖德編：《朱子文集》卷74，《孟子綱》。
〔註74〕秦家懿：《王陽明》，臺北：東大出版社，1987年，頁57。
〔註75〕《傳習錄》3。
〔註76〕牟宗三：《從陸象山到劉蕺山》，臺北：學生書局，1984年，頁155～156。

此即體即用的心，就是價值的根源。「心之體，性也，性即理也」〔註77〕。「心之體，性也，性即理也；天下寧有心外之性、寧有性外之理乎？」〔註78〕心、性、理三者同意，都揭示了價值根源在於主體，「從靜態而言，心呈現爲普遍必然的道德律；從動態論，心又表現爲道德實踐領域的立法者」〔註79〕心既是道德行爲的實施者，又是道德規範的頒佈者（「心能知善知惡」）。相對於朱熹以理作爲道德主宰，王陽明通過強調心道德主體和道德規範合一的一面，突出了心作爲道德主宰的地位和功能。

如何彰顯心這一道德主宰？王陽明拋棄了朱熹格物致知的路徑，從心的「體用一源」出發，主張通過鍛鍊道德意志的途徑，恢復心之本體，「須是廓然大公，方是心之本體。」〔註80〕心之本體的含義，等同於良知，「良知者，心之本體」，「夫心之本體，即天理也；天理之昭明靈覺，即良知也」〔註81〕。心只是個是非之心，這個是非之心看起來似乎是認識的心，實際乃是道德判斷的心，所謂的是非之心，所指的就是知是知非、知善知惡，能夠進行道德上的判斷和評價。同時，應該注意到，這一道德心帶有濃厚的感情成分，「須是有個深愛做根」，這一點使王陽明的道德心、道德主體明顯的與康德哲學中的道德主體區分開來。

1.2 心學與禪宗關於心的不同界定

王陽明在《重修山陰縣學記》中對心學與禪宗的心觀念做了區別：

> 夫禪之學與聖人之學，皆求盡其心也，亦相去毫釐耳。聖人之求盡其心也，以天地萬物爲一體也。吾之父子親矣，而天下有未親者焉，吾心未盡也；吾之君臣義矣，而天下有未義者焉，吾心未盡也；吾之夫婦別矣，長幼序矣，朋友信矣，而天下有未別、未序、未信者焉，吾心未盡也。吾之一家飽暖逸樂矣，而天下有未飽暖逸樂者焉，其能以親乎？義乎？別、序、信乎？吾心未盡也；故於是有紀綱政事之設焉，有禮樂教化之施焉，凡以裁成輔相、成己成物，而求盡吾心焉耳。心盡而家以齊，國以治，天下以平。故聖人之學

〔註77〕 《全集》卷8，《書諸陽伯卷》。
〔註78〕 《全集》卷8，《書諸陽伯卷》。
〔註79〕 楊國榮：《王學通論——從王陽明到熊十力》，上海：上海三聯書店，1990年，頁73。
〔註80〕 《傳習錄》101。
〔註81〕 《全集》卷5，《答舒國用》。

不出乎盡心。禪之學非不以心為說，然其意以為是達道也者，固吾
之心也，吾惟不昧吾心於其中則亦已矣，而亦豈必屑屑於其外；其
外有未當也，則亦豈必屑屑於其中。斯亦其所謂盡心者矣，而不知
已陷於自私自利之偏。是以外人倫，遺事物，以之獨善或能之，而
要之不可以治家國天下。蓋聖人之學無人己，無內外，一天地萬物
以為心；而禪之學起於自私自利，而未免於內外之分；斯其所以為
異也。今之為心性之學者，而果外人倫，遺事物，則誠所謂禪矣，
使其未嘗外人倫，遺事物，而專以存心養性為事，則固聖門精一之
學也，而可謂之禪乎哉！世之學者，承沿其舉業詞章之習以荒穢戕
伐其心，既與聖人盡心之學相背而馳，日騖日遠，莫知其所抵極矣。
有以心性之說而招之來歸者，則顧駭以為禪，而反仇讎視之，不亦
大可哀乎！夫不自知其為非而以非人者，是舊習之為蔽，而未可遽
以為罪也。有知其非者矣，藐然視人之非而不以告人者，自私者也。
　既告之矣，既知之矣，而猶冥然不以自反者，自棄者也。〔註82〕

心學與禪宗都屬於廣義的心學，但是在對心的界定上，二者存在根本的不同。
大體而言，心學的心是以儒家天人合一的傳統為理論依據的，而佛教禪宗則
是以緣起性空作為理論根據的。王陽明在《大學問》裏指出，「天命之性，粹
然至善，其靈昭不昧者，以其至善之發見，是乃明德之本體，而即所謂良知
也」，肯定了「明德之本體」即心是稟賦於天的，人生來就稟賦此天賦之善作
為心之本體。天是心，是一切倫理道德價值的根源，這一點決定了王陽明所
說的心，是帶有鮮明的道德倫理特色的。不僅如此，心體不只具有知是知非、
有明顯的道德價值判斷傾向，心還戒慎恐懼、具有好善惡惡的自我實現其道
德價值的能力。

　　與此不同的是，佛教禪宗也注重心範疇，一切存在因為心體的介入才具
有了意義。心是一個自由的存在，如《壇經》裏的「無念」「無住」「無相」
等所表明的，心體本來是緣起性空意義上的本寂的存在。心經由覺悟可以進
入解脫界的。這一解脫是以般若智慧為理論基礎的。由此，禪宗認為心是幻
相，這是禪宗之心與陽明心學之心的最根本的區別。正如王陽明所說：

　　或問：「釋氏亦務養心，然要之不可以治天下，何也？」先生曰：
　　「吾儒養心未嘗離卻事物，只順其天則自然就是功夫。釋氏卻要盡

〔註82〕《全集》卷7《重修山陰縣學記》。

　　　絕事物，把心看做幻相，漸入虛寂去了；與世間若無些子交涉，所
　　　以不可治天下。」〔註83〕

王陽明肯定心、物、家、國、天下的價值，所堅守的是儒家倫理第一的立場。
與此相反，佛教禪宗把心看做幻相，由此一切由於依附著心才獲得意義的存
在，淪爲空無虛幻，並沒有固守的倫理道德立場。同時，禪宗的心本身並無
好善惡惡的創造能力，只是如實瞭解事物存在變化的本質，如實的反映事物
的實際情況，不增加或者刪減。

　　這引出了陽明心學與佛教禪宗關於心的又一個區別。陽明心學的心，不
只是認知是非而已，它本身是天理的創設者與實現者，心不只是認知心，更
具有創設天理以實現人倫社會之理想秩序的功能。〔註84〕而佛教禪宗的心，
並不局限在道德行爲上的知是知非，而是遍及一切存在，其所謂是非不是以
天理爲評價標準、也不是以實現天理爲目的的，總的要求是「知寂不二之一
心」〔註85〕，對人倫事物，如其所是的反映而已。

　　不僅如此，佛教禪宗「自私用智，守靜歸寂，本無仁民愛物之心」，並沒
有成聖的動機和目的，「外人倫，遺事物，以之獨善」，不關心人倫物理，這
些都與儒家心學在現實的道德、倫理與政治中尋求自我完善的成聖之道截然
不同。

2、心與其他範疇的關聯

2.1 心與天、氣

　　王陽明在《答季明德》（丙戌）中指出：

　　　其間又云：「人之爲學，求盡乎天而已。」此明德（即季明德）
　　之意，本欲合天人而爲一，而未免反離而二之也。人者，天地萬物
　　之心也；心者，天地萬物之主也。心即天，言心則天地萬物皆舉之
　　矣，而又親切簡易。故不若言「人之爲學，求盡乎心而已。」

人爲天地萬物之心，是天地萬物敞亮、顯示其意義的處所，而人心則是天地

〔註83〕《傳習錄》270。

〔註84〕參見牟宗三《陽明學是孟子學》，「良知不只是一個光板的鏡照之心，而且因
　　　其精誠惻怛而是有道德內容者，此即陽明之所以終屬儒家而不同於佛老者。
　　　因此之故，故陽明總說『良知之天理』。此『天理』二字不能割掉。」載《鵝
　　　湖月刊》第001期，1975年7月。

〔註85〕杜順：《答順宗心要法門》。

萬物的根本，天地萬物只有在人、在人心這裡才成爲有意義的存在。「心即天」的意思，要與「心外無物」「心外無理」對照起來理解。與程朱的天理不同，王陽明的「心」並不是超時空的存在，相反，心與「天地萬物」屬於同一個世界，「『心』就是處於時間中的宇宙整體，但『心』又是超感覺的、無限的、起決定作用的，也就是超越的，它是宇宙整體之『發竅處』，是宇宙整體的靈魂。」〔註86〕「心即天」揭示出了「心」指代宇宙萬物整體的含義，「言心則天地萬物皆舉之矣」，「心」與天地萬物都處於時間之中，但與在時間中有消滅的萬物不同，「心」在時間中的綿延是無盡的，這也再次突出了它作爲萬物整體的一面。

心學與理學之間存在著微妙的差異，「認氣爲理」是心學與理學的重要區別之一。〔註87〕心學之所以「認氣爲理」，根本的原因在於，心學的理是一個過程，是生成的理而不是現成的理，氣的運動變化構成了理。

在朱熹那裡，心被認爲是「氣之精爽者」〔註88〕，心的知覺、判斷等作用也因此來源於氣。在王陽明這裡，氣和理被認爲是一體之物，「精一之精，以理言；精神之精，以氣言。理者，氣之條理；氣者，理之運用。無條理則不能運用，無運用則亦無以見其所謂條理者矣」〔註89〕從而心與氣也是一體之物，理是心的條理，而氣則是心的運動。

2.2 心與「意」「物」「事」

心外無物是王陽明的一個重要命題。正是通過「心外無物」，「心外無理」的命題得到了強化，王陽明的格物說獲得了堅實的基礎。《傳習錄》的《答顧東橋書》中，對「心」「意」「物」「事」的關係闡論如下：

> 心者身之主也，而心之虛靈明覺，即所謂本然之良知也。其虛靈明覺之良知，應感而動者謂之意。有知而後有意，無知則無意矣。知非意之體乎？意之所用，必有其物，物即事也。如意用於事親，即事親爲一物；意用於治民，即治民爲一物；意用於讀書，即讀書爲一物；意用於聽訟，即聽訟爲一物。凡意之所用無有無物者，有是意即有是物，無是意即無是物矣。物非意之用乎？〔註90〕

〔註86〕 張世英：《天人之際》，北京：人民出版社，1995 年，頁 251。
〔註87〕 參見荒木見悟：《心學與理學》，載《復旦學報》1998 年第 5 期。
〔註88〕 黎靖德編：《朱子語類》卷 5。
〔註89〕 《傳習錄》153。
〔註90〕 《傳習錄》137。

「意」是「心」的作用（用），「意」的作用場所或對象是「物」。例如，如果事親用「意」，事親這種行爲就是「物」。同樣，與「意」的作用對象相應，治民、讀書、聽訟都是「物」。於是，此「物」亦是「事」。用今天的說法來表現的話，也可以說，「物＝事」不是在實體概念的意義上得出的，而是在與人類精神的關係中得出的命題。

也就是說，王陽明在說「格物窮理」或「事即道，道即事」的時候，其「物」或「事」並非且與人毫無關係地存在著的主體或現象，而是人類意識（心之意）的明確表現之謂。因而，王陽明在上述《傳習錄》中說「史專記事」，認爲不能把「史」理解爲對過去事物的記錄，「史」是人類行爲（事＝物）之中出現的「意」的記錄，在這種意義上，它就是道的表現。

一般認爲，心外無物的命題是通過賦予「物」以新的含義而建立起來的。王陽明說，「物者，事也，凡意之所發必有其事，意所在之事謂之物。」〔註91〕這個意義上所談論的物不是外在的，不是人的「他者」。依照鍾彩鈞的分類，作爲人事的物，包括了三類：第一類是事親、事君、仁民愛物、視聽言動等行爲；第二類是富貴貧賤、患難死生等遭遇；第三類是喜怒哀樂等我心發動的意念。〔註92〕這三層意思所指涉的「物」或曰「事」，都是就人事而言，可以由此直接認定它們不在心外。

還有一種「物」，是天地鬼神萬物等自然事物，這種物不能直接劃歸爲「事」，但「心外無物」的命題對於自然事物，仍是成立的：

> 又問：「天地鬼神萬物，千古見在，何沒了我的靈明，便俱無了？」
>
> 曰：「今看死的人，他這些精靈遊散了，他的天地萬物尚在何處？」
>
> 〔註93〕

「心之所發便是意」，「心外無物」的命題是在「意」範疇的基礎上、建立起來的。陽明對「意」的說明，多用「心之發」、「心之動」，如陳來所言，這是受到了朱熹的影響〔註94〕，「至善也者心之本體，動而後有不善，而本體之知未嘗不知也，意者其動也。」〔註95〕所謂「意」，按照陳來的梳理〔註96〕，有

〔註91〕《全集》卷26，《大學問》。

〔註92〕鍾彩鈞：《王陽明思想之進展》，臺北：文史哲出版社，頁31。

〔註93〕《傳習錄》336。

〔註94〕陳來：《王陽明哲學的心物論》，載《哲學研究》1990年第3期。

〔註95〕《全集》卷7，《大學古本序》。

〔註96〕陳來：《王陽明哲學的心物論》，載《哲學研究》1990年第3期。

兩層意思，第一層意思是主體對於外部刺激的感覺，「其虛靈明覺之良知應感而動者謂之意」〔註97〕。第二層意思是實踐意向，「意欲溫凊，意欲奉養者所謂意也，而未可謂之誠意」〔註98〕。

實際上，「意」還有第三層意思是主體對客體賦予價值，把主體內在的意向投射到客觀存在上，使得原本的客觀世界化作主體的價值世界：

> 我的靈明，便是天地鬼神的主宰。天沒有我的靈明，誰去仰他高？地沒有我的靈明，誰去俯他深？鬼神沒有我的靈明，誰去辯他吉凶災祥？天地鬼神萬物離却我的靈明，便沒有天地鬼神萬物了。我的靈明離却天地鬼神萬物，亦沒有我的靈明。如此便是一氣流通的，如何與他間隔得？〔註99〕

正是通過主體價值觀念的引入，自然之物化成了爲我之物，著名的岩中花樹問答就表達了這一意思。

2.3 岩中花樹問答〔註100〕

> 先生遊南鎮，一友指巖中花樹問曰：「天下無心外之物：如此花樹，在深山中自開自落，於我心亦何相關？」先生曰：「你未看此花時，此花與汝心同歸於寂：你來看此花時，則此花顏色一時明白起來：便知此花不在你的心外。」〔註101〕

對這一段話的討論，歷來有不同的解釋。陳來在《有無之境》中指出，「『山中觀花』的答問不適應於花樹，而適應『觀花』『看花』，將『看花』之過程視爲一物，未看花時，『看花』之物就不在；來看花時，『看花』之物即成現實之行，故『看花』一物不在心外，即不能脫離主體的參與」〔註102〕實際上，王陽明所講的是「此花不在你的心外」，而不是「看花在你的心外」，上述詮釋是因爲固守著王陽明「物者事也」的判斷而得出的結論，與陽明所指並不符合。

〔註97〕《傳習錄》137。
〔註98〕《傳習錄》137。
〔註99〕《傳習錄》336。
〔註100〕參見趙海麗：《王陽明「山中觀花」說正義》，載《南京師範大學文學院學報》2005 年第 4 期。
〔註101〕《傳習錄》275。
〔註102〕陳來：《有無之境——王陽明哲學的精神》，北京：人民出版社，1991 年，頁58。

　　葉朗也詮釋了「山中觀花」。「客體的顯現（象）總是與對客體的意向密切相關的」，「由於我的投射或投入，審美對象朗然顯現，是我產生了它，但是另一個方面，從我產生的東西也產生了我」，「從美學的角度，我們很欣賞王陽明這裡說的話：『你未看此花時，此花與汝心同歸於寂。你來看此花時，則此花顏色一時明白起來』，這句話可以用來作為對於審美體驗的意向性的一種形象的描繪。」〔註103〕審美對象並不能由於「我的投射或投入」而產生，我所能產生的只能是審美的意象，而這一意象也不能產生我，所能產生的只能是我的審美感受。但是這一詮釋，啟示我們從主體與客體相互作用的角度探討這一問題。

　　在探討這段話的意思之前，讓我們溫習一下費爾巴哈關於欣賞音樂的一段話。費爾巴哈指出，「理性的對象就是對象化的理性，感情的對象就是對象化的感情。如果你對於音樂沒有欣賞力，沒有感情，那麼你聽到最美的音樂，也只是像聽到耳邊吹過的風、或者腳下流過的水一樣。那麼，當音調抓住了你的時候，是什麼東西抓住了你呢？你在音調裡面聽到了什麼呢？難道聽到的不是你自己心的聲音嗎？」〔註104〕馬克思說：「只有音樂才能激起人的音樂感；對於不辨音律的耳朵說來，最美的音樂也毫無意義，音樂對它說來不是對象，因為我的對象只能是我的本質力量之一的確證。」「對我來說任何一個對象的意義（它只是對那個與它相適應的感覺說來才有意義）都以我的感覺所能感知的程度為限。」〔註105〕表達了和費爾巴哈類似的意思。費爾巴哈還說過月亮、太陽和星星都顯示了人的本質。他說：「月亮、太陽和星辰都向人呼喊：認識你自己。人看見月亮、太陽和星辰，……這就是人自己本質的一個證據。」〔註106〕人通過月亮、星辰和太陽的表象確證自己的本質。應該指出的是，當費爾巴哈說上面話的時候並沒有否定客觀的自然對象的存在。

　　費爾巴哈的思想，對我們理解這一段話的意思有很大的啟發。理解嚴中花樹問答，我們需要注意到「此花顏色一時明白起來」這句話，此花顏色一時明白起來，是肯定了在「你未看此花時」，此花和你的心一樣，是存在的，但由於心與花之間並沒有遭遇，心沒有認識到花，沒有賦予花以意義，花作

〔註103〕葉朗：《現代美學體系》，福州：福建人民出版社，1998年，頁556。
〔註104〕費爾巴哈：《基督教的本質》，北京：商務印書館，1984年，頁209～213。
〔註105〕馬克思：《1844年經濟學——哲學手稿》，北京：人民出版社，1979年，頁79。
〔註106〕費爾巴哈：《基督教的本質》，北京：商務印書館，1984年，頁210。

為客體，處於人的認識之外，沒有在主體世界獲得它的價值，所以說「此花與汝心同歸於寂」。在心和花遭遇的時候，心與花有一個雙向發現與雙向規定，一方面是心由於和花遭遇，而感覺到了自身固有的本質力量，另一方面是花被主體收攝於自己的價值世界，所以看花的結果，不只是「則此花顏色一時明白起來」，同時明白起來的還應該有「汝心」。

這實際上講的是意義世界的建構。在王陽明這裡，談論所謂主觀世界或者客觀世界是沒有多少意思的，他所關注的是意義世界。這一世界一方面有客觀因素的介入，但同時也有主觀的價值判斷，這兩個方面結合起來，構成他所看重的意義世界。意義世界的確立，一方面使客觀存在獲得了價值，另一方面使得主觀世界得到修正和確認。

在價值觀念中，他更多關注的是道德價值。意念是道德行為的根源，行為的道德意義必須由善的「意念」賦予，因而這一意念本身就是行為的構成要素，行為不過是這一意念的結果。在這裡，是意向行為決定了行為的性質。正是在這個意義上，王陽明強調「知是行之始」。

2.4 心與身

> 耳目口鼻四肢，身也，非心安能視聽言動？心欲視聽言動，無耳目口鼻四肢亦不能，故無心則無身，無身則無心。〔註107〕

楊國榮認為：肯定心與身的這種聯繫，當然並不能說是一種獨到的見解，但相對於程朱的以性說心，它又確乎有值得注意之點。如果說，以性說心傾向於心與感性存在和經驗內容的劃界，那麼，無身則無心之說則旨在重新確認心與感性的聯繫〔註108〕。王陽明強調的是，耳目口鼻四肢這所謂的軀殼之己，也是離不開作為真己的心性天理的。在針對弟子蕭惠所謂己私難克的詢問中，王陽明闡述了自己這個觀點。蕭惠認為，己私難克，是因為自己只是為得個軀殼的己（目便要色，耳便要聲，口便要味，四肢便要逸樂），不曾為個真己。

針對蕭惠的看法，王陽明直接警醒他，「真己何曾離著軀殼？恐汝連那軀殼的己也不曾為……美色令人目盲。美聲令人耳聾。美味令人口爽。馳騁田獵令人發狂，這都是害汝耳目口鼻四肢的。豈得是為汝耳目口鼻四肢？」如果要真正為軀殼之己：

〔註107〕《傳習錄》201。
〔註108〕楊國榮：《心學之思：王陽明哲學的闡釋》，北京：三聯書店，1997年，頁74。

便須思量耳如何聽，目如何視，口如何言，四肢如何動。必須非禮勿視聽言動，方才成得個耳目口鼻四肢。這個才是爲著耳目口鼻四肢。汝今終日向外馳求，爲名爲利，這都是爲著軀殼外面的物事。汝若爲著耳目口鼻四肢，要非禮勿視聽言動時，豈是汝之耳目口鼻四肢自能勿視聽言動？須由汝心。這視聽言動，皆是汝心。汝心之視發竅於目。汝心之聽發竅於耳。汝心之言發竅於口。汝心之動發竅於四肢。若無汝心，便無耳目口鼻。所謂汝心，亦不專是那一團血肉。若是那一團血肉，如今已死的人，那一團血肉還在。緣何不能視聽言動？所謂汝心，卻是那能視聽言動的。這個便是性，便是天理。有這個性，才能生這性之生理，便謂之仁。這性之生理，發在目便會視。發在耳便會聽。發在口便會言。發在四肢便會動，都只是那天理發生。以其主宰一身，故謂之心。這心之本體，原只是個天理，原無非禮，這個便是汝之眞己。這個眞己，是軀殼的主宰。若無眞己，便無軀殼。眞是有之即生，無之即死。汝若眞爲那個軀殼的己，必須用著這個眞己。便須常常保守著這個眞己的本體。戒愼不睹，恐懼不聞，惟恐虧損了他一些，才有一毫非禮萌動，便如刀割，如針刺，忍耐不過，必須去了刀，拔了針，這才是有爲己之心，力能克己。汝今正是認賊作子，緣何卻說有爲己之心，不能克己？〔註109〕

楊國榮在《心學之思》中認爲：心不能離身（無身則無心），決定了心無法與經驗內容絕緣。作爲經驗內容最突出的，就是所謂情。在王陽明的「心」範疇中，情感的含義具有特出的地位。「喜怒哀懼愛惡欲，謂之七情。七情俱是人心合有的」〔註110〕，「心一而已。以其全體惻怛而言謂之仁，以其得宜而言謂之義，以其條理而言謂之理。」〔註111〕「孟子以惻隱之心爲仁之端，王陽明則以心之全體惻怛爲仁，二者都把情感視爲主體意識的內在要素」。〔註112〕

不僅如此，在王陽明這裡，心全體惻怛的感情直接就是仁，並不是有待於培養的仁之端。楊國榮認爲：相對於理性的靈明覺知，情感屬於感性經驗

〔註109〕《傳習錄》122。
〔註110〕《傳習錄》291。
〔註111〕《傳習錄》133。
〔註112〕楊國榮：《心學之思：王陽明哲學的闡釋》，北京：三聯書店，1997年，頁74。

的序列，王陽明將七情視爲人心的題中應有之義，同時即意味著對先驗的心體與經驗的內容做了溝通。〔註113〕在諸多情感之中，樂具有特別的地位：

> 樂是心之本體，雖不同於七情之樂，亦不外於七情之樂。雖則聖賢別有眞樂，而亦常人之所同有。但常人有之而不自知，反自求許多憂苦，自加迷棄。雖在自苦迷棄之中，而此樂又未嘗不存。〔註114〕

這裡所謂的聖賢之眞樂，更多地側重於精神愉悅，與之相對的是感性快感，二者都滲入了某種感情的認同，這鮮明地表現出了王陽明思想的儒家特徵。

3、對理的重新定義

朱熹與王陽明之間的差異，不只表現在對「心」的理解和定義不同。在對「理」的詮釋上，二人也有明顯的歧義。具體而言，在朱熹，「理」是現成的對象，在王陽明，這一「理」則成爲生成的對象了。

3.1 朱熹論理：現成的理

所謂現成的，簡單而言，就是已經完成的，已經「是其所是」了。「是其所是」的標誌在於，已經有一個決定其「是其所是」的本質存在了，可以追問它「是什麼」了。與此相反，所謂生成的，就是處於生成變化的過程之中。生成性的存在，沒有固定的本質，因此不能追問它「是什麼」，而只能問它「如何」或者「怎樣」。〔註115〕

在朱熹的思想體系中，理就是這樣一個現成的存在。朱熹說，「宇宙之間，一理而已，天得之而爲天，地得之而爲地，而凡生於天地之間者，又各得之以爲性；其張之爲三綱，其紀之爲五常，蓋皆此理之流行，無所適而不在」。〔註116〕正是由於理的存在，宇宙才成爲宇宙，萬物才成爲萬物，「理」既是天地萬物的最高本體，又是三綱五常的最終根源，是物性和人性的共同來源，同時具有事物之「所以然」的規律和「當然之則」的道德倫理準則兩重意義。

可以看出，在朱熹這裡，所謂的性（物性和人性），作爲「凡生天地之間者」的本質規定或者存在根據，在後者產生以前，已經被「理」先驗的給予或決定，這樣的性，只能是現成的、僵死的、抽象的存在。把性作爲永恆不變的實體，只能消解其現實性，使其喪失了生存的意義和價值。

〔註113〕楊國榮：《心學之思：王陽明哲學的闡釋》，北京：三聯書店，1997年，頁74。
〔註114〕《傳習錄》292。
〔註115〕見鄔廣文、崔唯航：《從現成到生成》，載《清華大學學報》，2003年第2期。
〔註116〕《朱文公文集》卷70，《讀大紀》。

和氣比較起來，理是超越時空的，是派生萬物的絕對本體，「天地之間，有理有氣。理也者，形而上之道也，生物之本也；氣也者，形而下之器也，生物之具也。是以人物之生，必稟此理，然後有性；必稟此氣，然後有形。」〔註117〕每一具體的存在，都是由「理」決定的。自然之物的存在，由理決定，「惟其理有許多，故物有許多」〔註118〕，人爲之事的存在，同樣由「理」決定，「做出那事，便是這裡有那理；凡天地生出那物，便是那裡有那理」，即便是天地的存在，也是由「理」決定的，「未有天地之先，畢竟也只是先有此理，便有此天地。若無此理，便亦無天地。」〔註119〕無此理則無此物，物（包括氣）則必須依物而存，「有此理後，方有此氣」〔註120〕氣有聚散，物有存亡，「理」則是永恒的，「且如萬一山河大地都陷了，畢竟理卻只在這裡」〔註121〕。從以上朱熹關於「理」的論述中可以看出，現成的和生成的兩方面的含義，在朱熹的「理」中糾葛在一起。當朱熹說「理」是永恒的的時候，「理」是以過去爲定向的，還原式的，並且是決定論的，這裡的「理」是與作爲主體的人無關的，當他說人爲之事由「理」決定的時候，「理」則變成了生成的；當他強調「理」的自然規律的含義的時候，「理」是還原式的，並且是決定論的；當他強調「理」的倫理道德的一方面的時候，「理」則是開放式的、生成論的。

3.2 王陽明論理：生成的理

與朱熹對理的理解不同，王陽明心即理中的「理」，不再是一種確定的法則，而是針對每一個具體的情況，通過批判性思考確定自己的行動法則，並承擔起由此帶來的結果。這個時候的理，既是存在，有其天道根源；又是變化，不是僵死的規則。換言之，理不再是現成的，而是生成的，是以未來爲定向的、開放式的。在講述「理」的內在含義時候，王陽明是緊扣倫理德性的含義論述的：

> 愛問：「至善只求諸心，恐於天下事理有不能盡。」先生曰：「心即理也。天下又有心外之事，心外之理乎？」愛曰：「如事父之孝，事君之忠，交友之信，治民之仁，其間有許多理在，恐亦不可不察。」先生歎曰：「此說之蔽久矣，豈一語所能悟？今姑就所問者言之：且

〔註117〕《朱文公文集》卷58，《答黃道夫》。
〔註118〕黎靖德編：《朱子語類》卷90。
〔註119〕黎靖德編：《朱子語類》卷1。
〔註120〕黎靖德編：《朱子文集》卷58，《答楊志仁》。
〔註121〕黎靖德編：《朱子語類》卷1。

如事父，不成去父上求個孝的理？事君，不成去君上求個忠的理？
交友治民，不成去友上、民上求個信與仁的理：都只在此心，心即
理也。此心無私欲之蔽，即是天理，不須外面添一分。以此純乎天
理之心，發之事父便是孝，發之事君便是忠，發之交友治民便是信
與仁。只在此心去人欲、存天理上用功便是。」愛曰：「聞先生如此
說，愛已覺有省悟處。但舊說纏於胸中，尚有未脫然者。如事父一
事，其間溫凊定省之類，有許多節目，不亦須講求否？」先生曰：「如
何不講求？只是有個頭腦，只是就此心去人欲、存天理上講求。就
如講求冬溫，也只是要盡此心之孝，恐怕有一毫人欲間雜；講求夏
凊，也只是要盡此心之孝，恐怕有一毫人欲間雜；只是講求得此心。
此心若無人欲，純是天理，是個誠於孝親的心，冬時自然思量父母
的寒，便自要去求個溫的道理；夏時自然思量父母的熱，便自要去
求個凊的道理。這都是那誠孝的心發出來的條件。卻是須有這誠孝
的心，然後有這條件發出來。譬之樹木，這誠孝的心便是根，許多
條件便是枝葉，須先有根，然後有枝葉，不是先尋了枝葉，然後去
種根。《禮記》言：『孝子之有深愛者，必有和氣；有和氣者，必有
愉色；有愉色者，必有婉容。』須是有個深愛做根，便自然如此。」
〔註122〕

各種道德行為的最終保障，不在行為的對象上，而只能從「心」（道德主體）
訴求。王陽明以「此心無私欲之蔽」說「理」，廓清了其含義，「理」不再是
與自然規律扭結在一起了，不再具有認識意義，而是純粹的道德倫理含義。
這時候的「理」，不是既定的先驗的存在於心中，而是生成的、開放的，在具
體的生活環境中展開和生發的，「理」在冬寒夏熱的具體環境下，表現為溫與
凊，在事父、事君、交友治民的不同情況下，分別展開為孝、忠、信、仁等
道德節目。總括而言，稱為「理」，分開來看，則是孝忠仁信等節目。可以看
出，在王陽明這裡，「理」只是一個總括的稱呼，本身並沒有固定的內容，其
確切的含義，要在不同的環境中確定。換言之，具體的道德節目，體現和豐
富了理的含義。理的內容，正是通過在具體環境中的展開而獲得的。

　　至於這些不同的道德節目，如何能夠被統稱為「理」，其原因並非是在他
們之後、之上、之外存在著一個共同的、不變的本質，而是在他們彼此之間

〔註122〕《傳習錄》3。

存在著或多或少的相似性或者親緣關係。關於這一點，我們可以用後期維特根斯坦的遊戲理論來說明。維特根斯坦對遊戲這一日常活動進行了分析，按照現成論的觀點，「（它們）一定有某種共同的東西，否則它們就不會都被叫做『遊戲』」〔註123〕，這裡所謂的「共同之處」，就是遊戲的本質。維特根斯坦對現成論的觀點進行了批判，他認爲，不要從他們被稱爲遊戲就推斷出他們必然存在共同的本質，關鍵之處在於「不要想，而要看！」：

> 例如，看一看棋類遊戲以及他們的五花八門的親緣關係。再看一看紙牌遊戲；你會發現，這裡與第一組遊戲有很多對應之處，但有許多共同的特徵丟失了，也有一些其他的特徵卻出現了。當我們接著看球類遊戲時，許多共同的東西保留下來了，但也有許多消失了。〔註124〕

總之，「看不到什麼全體所共同的東西，而只看到相似之處，看到親緣關係，甚至一整套相似之處和親緣關係」〔註125〕。以遊戲爲例，這裡的相似之處和親緣關係包括遊戲目的上的娛樂性、競爭性，以及技巧上的差異等許多內容，這說明，在遊戲之間並不存在共同的、不變的「本質」，所存在的只是一些相似之處。這些相似之處，維特根斯坦稱之爲「家族相似性」，「我想不出比『家族相似性』更好的表達式來刻畫這種相似關係：因爲一個家族的成員之間的各種各樣的相似之處：體形、相貌、眼睛的顏色、步姿、性情等等，也以同樣方式互相重疊和交叉。——所以我要說：『遊戲』形成一個家族。」〔註126〕「各種數也以同樣的方式形成一個家族。爲什麼我們把某樣東西叫做一個『數』？也許是由於它同某些一向被叫做數的東西具有一種——直接的——關係。而這可以說就使它同那些被我們以同樣方式稱呼的東西具有一種間接的關係。我們把數的概念加以擴展就如同在紡繩時把一些纖維繞在另一些纖維上一樣。繩的強度並非在於有一根貫穿繩的全長的纖維，而是在於許多纖維互相重疊。」〔註127〕遊戲之間是靠「相似」、「相重」而非「相同」聯繫在一起的。

從這個角度審視王陽明的「理」，就會發現，「理」並不存在固定不變的

〔註123〕維特根斯坦：《哲學研究》，李步樓譯，北京：商務印書館，1996年，頁47。
〔註124〕維特根斯坦：《哲學研究》，李步樓譯，北京：商務印書館，1996年，頁47。
〔註125〕維特根斯坦：《哲學研究》，李步樓譯，北京：商務印書館，1996年，頁47。
〔註126〕維特根斯坦：《哲學研究》，李步樓譯，北京：商務印書館，1996年，頁48。
〔註127〕維特根斯坦：《哲學研究》，李步樓譯，北京：商務印書館，1996年，頁48。

本質，也不存在不變的含義，而是在使用過程中不斷生成的，在用法之外並不存在別的含義。王陽明說，「目無體，以萬物之色爲體；耳無體，以萬物之聲爲體；鼻無體，以萬物之臭爲體；口無體，以萬物之味爲體；心無體，以天地萬物感應之是非爲體。」〔註128〕如同耳目口鼻一樣，作爲心之本體的良知或曰天理，其本身沒有固定的內容作爲本質，而恰恰是在與天地萬物的感應中表現出自身的趨向的，這一點在作爲聖人的大禹、文王身上得到了很好的體現：

> 夫舜之不告而娶，豈舜之前已有不告而娶者爲之準則，故舜得以考之何典，問諸何人而爲此邪？抑亦求諸其心一念之良知，權輕重之宜，不得已而爲此邪？武之不葬而興師，豈武之前已有不葬而興師者爲之準則，故武得以考之何典，問諸何人，而爲此邪？抑亦求諸其心一念之良知，權輕重之宜，不得已而爲此邪？使舜之心而非誠於爲無後，武之心而非誠於爲救民，則其不告而娶與不葬而興師，乃不孝不忠之大者。而後之人不務致其良知，以精察義理於此心感應酬酢之間，顧欲懸空討論此等變常之事，執之以爲制事之本，以求臨事之無失，其亦遠矣！其餘數端，皆可類推，則古人致知之學，從可知矣。〔註129〕

4、心即理與心具理

王陽明的「心即理」與程朱的「心具理」，都是來源於傳統儒家學說，都是會通儒釋道三家思想的結果。所不同的是，如前所述，「心即理」較之「心具理」，就「心」──道德主體這一方面而言，突出了其能動性，同時也注意把物理和倫理分開，澄清和凸顯了其道德主體的含義。就「理」的方面而言，「心具理」強調了天理的現成性、社會性和神聖性，「心即理」則突出了「天理」的過程性，強調了其個體性和與感情相聯繫的一面。

反觀朱熹的心具理學說，可以看出，在物之理，未必是可以決定人應如何行動的道德之理；而且在物處以何者爲理，是沒有一定的。「以心包羅窮理，是心與理爲二之說。心、理不同，然後可以說心包眾理。以心包眾理，亦即是以心明理，心通過格物窮理的功夫，對理有了眞正的瞭解，然後心合於理，此是朱子的看法。若認爲心理爲二，理外於心而爲客觀的存在，則心要包眾

〔註128〕《傳習錄》277。
〔註129〕《傳習錄》139。

理，明理然後合理，格物窮理便是必要的工夫。」〔註130〕

與此相反，說心即理，是表示此心雖是我的心，是主觀的，同時亦是客觀的，普遍的。心本身來自理：「心也者，吾所得於天之理也」〔註131〕，理在主體的表現就是心。心與理之間的密切關聯正表明，此心是主體，亦是客觀的理，這是陽明言良知所含的天道意義。既然此理此心都具有普遍性，則從心明理，以理在心內，便不會只管內心，而不關心外在之世界，不會「不屑於物」。陽明之說法，是明本心以顯理，心即理是心即是理，二者原是一。而心合理是二物合一。又由於心即理，而心是活動，則在此心之活動處表現之理，亦是活潑潑的，而非靜態之理。而此理亦隨心之活動，而發用流行，無窮無盡。〔註132〕

「心即理說的優越性在於，它把自然規律和人類的價值觀念、道德觀念區分開，用人本身的心理——道德本性去解釋人的思想行動乃至人類社會，而不用人之上的神、天理、太極等等來解釋，同時由於強調良心在倫理生活中的作用，把倫理學的理論向前推進一步，使人認識到培養道德自覺的重要，培養道德自律的重要，而要做到這點必須在啓迪良心上下功夫。」〔註133〕也正是這一點，爲王陽明所追求的成聖目標提供了本體論的證明，奠定了堅實的基礎。心即理說提出後，王陽明所關注的不再是成聖是否可能，而是開始探尋具體的成聖之道了。

5、心即理與現實的惡

在體驗出心即理命題、對成聖可能性予以證明之後，面臨的第一個問題就是惡的問題。惡在現實世界是實際存在的，這一點也是王陽明所承認的。如何處理心即理命題與現實存在的惡之間的關係，成爲王陽明需要克服的理論難題。

在王陽明看來，現實世界存在的惡可以分爲兩大類：自然災害和道德的惡。按照傳統儒家對自然災害的詮釋，災異的出現並不是對天地大德的反正，

〔註130〕楊祖漢：《鄭齊斗對王陽明哲學的理解》，載《韓國江華陽明學研究論集》，上海：華東師範大學出版社，2008年，頁135。

〔註131〕《全集》卷21，《答徐成之》。

〔註132〕參見楊祖漢：《鄭齊斗對王陽明哲學的理解》，載《韓國江華陽明學研究論集》，上海：華東師範大學出版社，2008年，頁135～P137。

〔註133〕閻韜：《朱子學與陽明學》，載武夷山朱熹研究中心編：《朱子學新論》，上海：上海三聯書店，1991年，頁590。

相反乃是上天好生的表示，其目的在於以此警示人類反省自身行爲特別是政治行爲是否正當。從王陽明的《水災自劾疏》可以看出，他是把自然災異作爲自我警醒、自我反思的機緣的，換言之，自然之惡恰恰是對「心即理」的證明，是對成聖的一種難得的磨煉。

相比而言，對道德的惡詮釋顯得棘手。道德的惡對「心即理」、對整個成聖之道構成了直接的威脅，其表現就是所謂人欲，是與善相對的惡。王陽明通過對人欲深層次的追究發現，「善惡本是一物」，善的「過與不及」構成了惡，惡與善只有程度上的不同。

這一對惡的認識與程朱理學是根本不同的。在程頤看來，「人心私欲，故危殆；道心天理，故精微。滅私欲則天理明矣。」〔註134〕，道心爲善，人心爲惡，人心與道心是截然相反如冰炭之不相容的。朱熹雖然對「人心」與「人欲」做出了區分，認爲人心與人欲並不是等同的，「人心不全是不好」〔註135〕，但同樣肯定了天理與人欲之間存在不可跨越的鴻溝。

王陽明對這一觀點進行了批評：

> 心一也，未雜於人謂之道心，雜以人僞謂之人心。人心之得其正者即道心；道心之失其正者即人心：初非有二心也。程子謂「人心即人欲，道心即天理」，語若分析而意實得之。今曰「道心爲主，而人心聽命」，是二心也。天理、人欲不並立，安有天理爲主，人欲又從而聽命者？〔註136〕

心只有一個心，「未雜於人謂之道心，雜以人僞謂之人心」，道心和人心只不過是同一心的兩種存在狀態，心得其正就是道心，失其正則爲人心。所謂的心失其正，就是說心不當理，背離了本來狀態，「心即理也。無私心，即是當理。未當理，便是私心」〔註137〕。由此，「善惡只是一物」就成爲一個必然的結論：

> 問：「先生嘗謂『善惡只是一物』。善惡兩端，如冰炭相反，如何謂只一物？」先生曰：「至善者，心之本體。本體上才過當些子，便是惡了。不是有一個善，卻又有一個惡來相對也。故善惡只是一

〔註134〕《二程集》卷24，《伊川先生語十》。
〔註135〕《朱子語類》卷78。
〔註136〕《傳習錄》10。
〔註137〕《傳習錄》94。

物。」直因聞先生之説，則知程子所謂「善固性也，惡亦不可不謂之性」。又曰：「善惡皆天理。謂之惡者本非惡，但於本性上過與不及之間耳。」其説皆無可疑。〔註138〕

心有其本來的狀態，「自有個中和處」。過與不及等對這一中和狀態的背離，就構成了惡。這一命題的提出，否定了惡的存在有其本體依據，爲「心即理」這一成聖可能性的證明提供了堅實基礎。如引文所示，這是在吸收程顥思想的基礎上提出的。程顥說，「天下善惡皆天理，謂之惡者非本惡，但或過或不及便如此，如楊墨之類。」〔註139〕「事有善有惡，皆天理也。天理中物，須有美惡。蓋物之不齊，物之情也。但當察之，不可自入於惡，流於一物」〔註140〕惡是善的過與不及，這證實了去惡也就是成聖的可能性。

王陽明指出，「蓋天地萬物與人原只一體，其發竅之最精處，是人心一點靈明。」〔註141〕「人心是天淵，心之本體無所不該，原是一個天，只爲私欲障礙，則天之本體失了。」〔註142〕私欲妨害了主體對聖人之道的領悟，其主要表現方式就是好色、好利、好名，沉浸於這些私欲，在私欲的侵蝕下，心的本來狀態被掩蓋。

心之本體被掩蓋，主要的表現形式就是鄉愿：

孔子曰：「鄉愿，德之賊也。」孟子曰：「非之無舉也，刺之無刺也，居之似忠信，行之似廉潔，同乎流俗，合乎污世，自以爲是，而不可與入堯、舜之道，闇然媚於世者，是鄉愿也。」蓋今風俗之患，在於務流通而薄忠信，貴進取而賤廉潔，重儇狡而輕樸直，議文法而略道義，論形迹而遺心術，尚和同而鄙狷介。〔註143〕

鄉愿不立足於自己本身而以無主體的身份存在，失去對聖人之道的深切感受，其言似道德，其貌似忠厚，但是缺乏本體之心作爲主宰，儘管是在宗法孔孟，但並沒有得聖人之眞意，在這個意義上，他們還不如自己竭力反對的楊墨釋老：

今世學者，皆知宗孔、孟，賤楊、墨，擯釋、老，聖人之道，

〔註138〕《傳習錄》228。
〔註139〕《二程集》卷2，《二先生語二上》。
〔註140〕《二程集》卷2，《二先生語二上》。
〔註141〕《傳習錄》274。
〔註142〕《傳習錄》222。
〔註143〕《全集》卷22，《山東鄉試錄》第五道。

> 若大明於世。然吾從而求之，聖人不得而見之矣。其能有若墨氏之
> 兼愛者乎？其能有若楊氏之為我者乎？其能有若老氏之清淨自守、
> 釋氏之究心性命者乎？吾何以楊、墨、老、釋之思哉？彼於聖人之
> 道異，然猶有自得也。〔註144〕

應該注意的是，批判「今世學者」不如楊墨釋老，並非是在道德意義上所做的評價，而是以「自得」為標準做出的判斷。鄉愿是心體蒙蔽，「章繪句琢以誇俗，詭心色取，相飾以偽，謂聖人之道勞苦無功，非復人之所可為，而徒取辯於言詞之間」〔註145〕。

　　不僅如此，心之本體被掩蓋還有一種更普通從而更隱蔽的表現，就是陷於閒思雜慮等日常生活的瑣碎混亂中：

> 澄曰：「好色、好利、好名等心，固是私欲。如閒思雜慮，如何
> 亦謂之私欲？」先生曰：「畢竟從好色、好利、好名等根上起，自尋
> 其根便見。如汝心中決知是無有做劫盜的思慮，何也？以汝元無是
> 心也。汝若於貨色名利等心，一切皆如不做劫盜之心一般，都消滅
> 了，光光只是心之本體，看有甚閒思慮？此便是『寂然不動』，便是
> 『未發之中』，便是『廓然大公』。自然『感而遂通』，自然『發而中
> 節』，自然『物來順應』。」〔註146〕

超越這一瑣碎混亂，有賴於主體的覺悟。私欲和閒思雜慮只能蒙蔽本心，卻不能取消他，因而主體的自我覺悟永遠可能。應該看到，主體的自我覺悟，是在直面私欲中完成的，主體永遠不能取消私欲的存在。也就是說，即便是覺悟後的主體，他在體現「便是寂然不動，便是未發之中，便是廓然大公」的心之本體，做到「自然發而中節，自然物來順應」時，也是在貨色名利等的考驗中、在「存天理滅人欲」中成就自我。

〔註144〕《全集》卷7，《別湛甘泉序》。
〔註145〕《全集》卷7，《別湛甘泉序》。
〔註146〕《傳習錄》72。

第三章　成聖工夫論：誠意與致良知

　　眞正說來，人與世界的關係不是一種單純的認識關係，而是一種價值關係、一種實踐關係。人與世界之間的實踐關係，是建立在人與世界之間的認識關係的基礎之上的，但不能因此就以後者代替前者，或者僅只停留在認識的階段。對於道德修養來說，付諸實踐的要求較之於談論道德，顯得更爲緊迫。

　　在龍場悟道得出「心即理」、成聖的可能性得到確證之後，王陽明就進入了成聖工夫論的探究。王陽明成聖工夫論，可以劃分爲爲前後兩個階段，前期爲誠意之教，後期（1521 年，王陽明 49 歲以後）經宸濠、忠泰之變，王陽明提出了致良知之教。誠意之教又包括了靜坐、事上磨煉以及動靜合一的知行合一等三個不同的內容。應該強調指出的是，誠意之教與致良知之教都以立志爲前提，立志說貫穿於王陽明探索的兩種成聖之道的始終。

一、先立必爲聖人之志

　　「先立必爲聖人之志」是成聖的必要條件，這一點是理學家的共識。朱熹說，「志是心之深處」，能夠使人「不向別路去，只向這一路來」。除非一個人願意進行，否則道德努力是不會開始的：

　　　　曰：「心有所之謂之志，志學，則其心專一向這個道理上去。」
　　曰：「說文義，大概也只如此說，然更有意思在。世間千歧萬路，聖人爲甚不向別路去，只向這一路來？志是心之深處，故醫家謂志屬腎。如今學者誰不爲學，只是不可謂之『志於學』。如果能『志於學』，則自住不得。『學而時習之』，到得說後，自然一步趨一步去。如人

當寒月，自然向有火處去；暑月，自然向有風處去。事君，便從敬上去；事親，便從孝上去。雖中間有難行處，亦不憚其難，直做教徹。」廣曰：「人不志學有兩種：一是全未有知了，不肯爲學者；一是雖已知得，又卻說道『但得本莫愁末』了，遂不肯學者。」曰：「後一種，古無此，只是近年方有之。卻是有兩種：一種是全未有知者；一種是雖知得了後，卻若存若亡，不肯至誠去做者。然知之而不肯爲，亦只是未嘗知之耳。」又曰：「如人要向個所在去，便是志；到得那所在了，方始能立；立得牢了，方能向上去。」〔註1〕

在這一點上，王陽明與朱熹是一致的。他再三強調「立志」的重要性，人必須「肯」去追求所立之志。成就道德人格，首先一點在於要立必爲聖人之志：「夫苟有必爲聖人之志，然後能加爲己謹獨之功」〔註2〕，「立志而聖則聖矣，立志而賢則賢矣。」〔註3〕「學患不知要。知要矣，患無篤切之志」〔註4〕志向的確立被視爲道德行爲的前提：

夫學，莫先於立志。志之不立，猶不種其根而徒事培擁灌溉，勞苦無成矣。世之所以因循苟且，隨俗習非，而卒歸於污下者，凡以志之弗立也。〔註5〕

學不立志，如植木無根，生意將無從發端矣。自古及今，有志而無成者則有之，未有無志而能有成者也。〔註6〕

「源泉混混，不捨晝夜，盈科而後進。放乎四海，有本者如是。」立志者，其本也。有有志而無成者矣，未有無志而能有成者也。〔註7〕

在《教條示龍場諸生》中，王陽明對立志作了更爲具體的闡釋：

志不立，天下無可成之事，雖百工技藝，未有不本於志者。今學者曠廢墮惰，玩歲愒時，而百無所成，皆由志之未立也。故立志而聖，則聖矣；立志而賢，則賢矣。志不立，如無舵之舟，無銜之馬，漂蕩奔逸，終亦何所底乎？

〔註1〕 黎靖德編：《朱子語類》卷235。
〔註2〕 《全書》卷28，《書汪進之卷》。
〔註3〕 《全集》卷26，《教條示龍場諸生》。
〔註4〕 《全集》卷5，《答舒國用》。
〔註5〕 《全集》卷7，《示弟立志說》。
〔註6〕 《全集》卷27，《寄張世文》。
〔註7〕 《全集》卷4，《寄聞人邦英邦正》三。

立志就是對生命自身創造力的認識和自信，是確立成為聖人的願望，是為自己的生命負責，是自己選擇自己，從日常生活的瑣碎與因果性的鏈條中掙脫出來，為自身的活動確立明確的目標，致力於實現生命的最大價值。正是在這個意義上，志如同舟之舵與馬之銜一般，它決定著為學的性質和內容，並激發出為學的動力，要成為聖人，就必先立為聖人之志。

志可以被當成是意向性的一種，但志本身具有恒定與專一的品格，在這個意義上，它有別於一般的偶然意向，而是從生命內部湧現出的一種精神動力，在本質上是不假外求的。志的恒定與專一，決定了其對於日常行為的統帥地位，正是志決定了對行為的取捨，並且賦予了行為意義和價值。

日本教育學家大田堯的一段話可以幫助我們更好的理解這一點，他在去邊遠的農村與當地勞動者交流培養子女的經驗時，碰上了一位八十歲左右的老太太，在他與老太太交流的時候，她的還不會走路的小孫子出現了：這時候那位老人看著還沒有站起來的孫子說：「這個孩子如果想要站起來的話就會站起來的。」「想要站起來」和「站起來」的關係是由想要做什麼的「想要」來決定的。〔註8〕

人的內部蘊藏著力量，只有充分調動起自己內部的力量，才能實現目標。同時應該認識到，主體內在是具有兩面性的，所有的人都能夠成為聖人，反過來就是說，所有人都有可能淪為夷狄。但即便是在淪為夷狄的狀態中，主體仍然存在和保持著擺脫這一境遇的能力。

發揮擺脫困境的能力，需要解決著意志無力的問題。所謂意志無力，指的是這樣一種情況，「我既認識到我應該做某一類特定的事，又明白做一個對我開放的特定的選擇就是做這類事，但我卻沒有去做，反而可能是做剛好相反的事。」〔註9〕在儒家思想體系中，對於「意志無力」問題也有諸多的思考和探討。對於「意志無力」這樣一種理論困境，孔子的對策是實行道德教化。孟子通過對道德行為中「不能」與「不為」的區分，指出道德主體要對「仁」的施行負責，造成主體意志無力、「逐物不返」的根本原因在於過分執著於外在事物，克服「意志無力」的辦法只能從主體自身尋求，所謂「求其放心」，

〔註8〕　大田堯：《把自然還給孩子》，朱浩東等譯，北京：商務印書館，2006年，頁36。

〔註9〕　倪德衛：《儒家之道：中國哲學之探討》，周熾成譯，江蘇：人民出版社，2006年，頁107。

找回「失散」的本心，「先立乎其大者，則其小者弗能奪也」〔註10〕。

理學產生後，對於意志無力的問題有了更加深刻的認識，在朱熹，「意志無力」產生於「氣質之性」，而既然產生於「氣質之性」而非「天命之性」，就是可以克服的，克服「意志無力」的辦法在於「變化氣質」，朱熹說：「人之爲學，卻是要變化氣稟，然極難變化。」朱熹所給出的克服「意志無力」的辦法是知識性的路徑，能否克服「意志無力」的關鍵「在乎識之淺深與其用力之多寡」，「格物致知」的途徑，「即凡天下之物，莫不因其已知之理而益窮之，以求至乎其極」，最終便會克服「意志無力」。

王陽明不贊成朱熹克服「意志無力」的主張。他認爲，朱熹「格物致知」的路徑不僅在理論上易失去「良知」本體，在實踐上有造成「終身不行，亦遂終身不知」的惡果，根本無法克服「意志無力」。

王陽明在解決「意志無力」問題時，特別強調了進道之志須是勇猛專一：

> 今時同志中，往往多以仰事俯育爲進道之累，此亦只是進道之志不專一，不勇猛耳。若是進道之志果能勇猛專一，則仰事俯育之事莫非進道之資。〔註11〕

專一即意志的定向，勇猛則是意志努力，後者更多地體現了意志的堅定品格。所謂進道，就是成聖的過程，這一過程是以具有堅定的意志品格爲前提的。堅定的意志一經形成，往往將進而化爲趨善去惡的定向行爲，並賦予主體以不爲外部阻力所屈的內在力量：「志苟堅定，則非笑詆毀不足動搖，反皆爲砥礪切磋之地矣。」〔註12〕這種行爲定向的堅定意志，當然並非外在於自我的力量，它是作爲理的本心（良知）的體現，是一種先驗性的存在，本身就包含著實現自我的力量：

> 依此良知，忍耐做去，不管人非笑，不管人譭謗，不管人榮辱，任他功夫有進有退，我只是這致良知的主宰不息，久久自然有得力處，一切外事亦自能不動。〔註13〕

在堅持勇猛專一的同時，立志特別是「立必爲聖人之志」要求主體立志於存天理，一心在天理上用功：

〔註10〕《孟子·告子上》。
〔註11〕《全集》卷32，《與道通書》之五。
〔註12〕《全集》卷8，《書顧維賢卷》。
〔註13〕《全集》卷8，《書顧維賢卷》。

　　　　陸澄問：「主一之功，如讀書則一心在讀書上，接客則一心在接
　　客上，可以爲主一乎？」先生曰：「好色則一心在好色上，好貨則一
　　心在好貨上，可以爲主一乎？是所謂逐物，非主一也。主一是專主
　　一個天理。」〔註14〕

　　　　問立志。先生曰：「只念念要存天理，即是立志。能不忘乎此，
　　久則自然心中凝聚，猶道家所謂結聖胎也。此天理之念常存，馴至
　　於美大聖神，亦只從此一念存養擴充去耳。」〔註15〕

需要注意的是，在立志「念念要存天理」時，要注意克服所謂「理障」：

　　　　唐詡問：「立志是常存個善念，要爲善去惡否？」曰：「善念存
　　時，即是天理。此念即善，更思何善？此念非惡，更去何惡？此念
　　如樹之根芽，立志者長立此善念而已。『從心所欲，不逾矩』，只是
　　志到熟處。」〔註16〕

　　　　侃問：「持志如心痛，一心在痛上，安有工夫說閒語，管閒事？」
　　先生曰：「初學工夫，如此用亦好；但要使知『出入無時，莫知其鄉』。
　　心之神明，原是如此，工夫方有著落。若只死死守著，恐於工夫上
　　又發病。」〔註17〕

天理不是一個對象化的存在，而是一個體驗性存在。它所表現的不是將人的本
質力量通過行動的傳導或凝結到特定的物質對象上，而是使人的本質與力量的
確證，表現或體現在許多對象甚至所有對象上去。換言之，天理即是心體本身
的規定性，是純粹的「精神創造物」。「念念存天理」不過是復歸心之本體。如
果執著於善惡，就會把善惡對象化，從而妨礙了呈現本心自有的善行。

　　在立志的過程中，需輔以「警戒」、「責志」等手段，同時要借助於師友
之間的相互砥礪，時時警惕，眞眞切切地立起「必爲聖人之志」。必爲聖人之
志的樹立，是展開成聖工夫的基本前提。

二、誠意之教

　　王陽明說，「人但得好善如好好色，惡惡如惡惡臭，便是聖人。」〔註18〕

〔註14〕《傳習錄》15。
〔註15〕《傳習錄》16。
〔註16〕《傳習錄》53。
〔註17〕《傳習錄》95。
〔註18〕《傳習錄》229。

這裡所謂的「好善如好好色，惡惡如惡惡臭」就是誠意，正如陽明弟子黃直所解釋的，「聖人之學，只是一誠而已」〔註19〕如第一章所述，王陽明的誠意之教包含了靜坐、事上磨煉與知行合一等三部分內容。從王陽明思想的發展來看，知行合一與靜坐還有事上磨煉，這三者是在同一時期先後提出的，其共同的指向都是誠意。1513 年，王陽明在《與黃宗賢》的第五通書信中說，「僕近時與朋友論學，惟說『立誠』二字。殺人須就咽喉上著刀，吾人爲學當從心髓入微處用力，自然篤實光輝。雖私欲之萌，眞是洪爐點雪，天下之大本立矣。」〔註20〕直接指出了「誠意」的中心地位。

從目前的研究成果來看，或以爲知行合一是最先提出的，或以爲靜坐是最先提出的。實際上，如果認識到知行合一與靜坐還有事上磨煉三者服務於一個誠意的目標，就不必糾纏於三者之間哪個是最先提出的。

「『龍場悟道』的一個重要契機就是對《大學》古本的求證」〔註21〕，《年譜》正德十三年條記載：

> 先生在龍場時，疑朱子《大學章句》非聖門本旨，手錄古本，
> 伏讀精思，始信聖人之學本簡易明白。其書止爲一篇，原無經傳之
> 分。格致本於誠意，原無缺傳可補。以誠意爲主，而爲致知格物之
> 功，故不必增一敬字。以良知指示至善之本體，故不必假於見聞。
> 至是錄刻成書，傍爲之釋，而引以敘。

在對《大學》古本的求證中，陽明所著意辨析的，就是朱子增補的作爲工夫的「敬」。在陽明看來，《大學》古本中，「格致本於誠意，原無缺傳可補。以誠意爲主，而爲致知格物之功，故不必增一敬字」。可以看出，在對《大學》的詮釋上，王陽明有別於朱子之處，就在於其重點落在了誠意之上。王陽明認爲，《大學》的工夫順序，以誠意爲先，以格物致知爲末。這表明，誠意作爲成聖工夫，在龍場時期就被意識到了。但具體如何誠意，成爲陽明所關注的問題。

《年譜》正德五年庚午條載王陽明從貴陽赴盧陵途中對門人說：

> 謫居兩年，無可與語者，歸途乃幸得諸友！悔昔在貴陽舉知行
> 合一之教，紛紛異同，固知所入。茲來乃與諸生靜坐僧寺，使自悟

〔註19〕《傳習錄》229。
〔註20〕《全書》卷5。
〔註21〕錢明：《陽明學的形成與發展》，南京：江蘇古籍出版社，2002 年，頁 50。

性體，顧恍恍若有可即者。

既又途中寄書曰：

> 前在寺中所云靜坐事，非欲坐禪入定也。蓋因吾輩平日爲事物
> 紛拏，未知爲己，欲以此補小學收放心一段功夫耳。明道云：「才學
> 便須知有用力處，既學便須知有得力處。」諸友宜於此處著力，方
> 有進步，異時始有得力處也。

錢德洪據此，將靜坐和知行合一分爲前後兩個階段，認爲陽明「居貴陽時，
首與學者爲『知行合一』之說；自滁陽後，多教學者靜坐」〔註22〕這一判斷
是不切合實際的，知行合一與靜坐兩者是不能劃分爲前後兩個階段。實際上，
知行合一作爲一個命題，一直貫穿著王陽明的學術活動，一直到提出致良知
命題之前，他都在講知行合一（如正德七年十二月，王陽明就因徐愛之問講
述了知行合一）。將知行合一單列爲一個階段，並不符合王陽明思想的實際。
眞實的情況是，王陽明在尋求誠意之道的過程中，提出了知行合一還有靜坐，
以及事上磨煉。這三者的共同指向都在於誠意，追求的是所謂心體的「廓清」，
所謂「學者欲爲聖人，必須廓清心體，使纖翳不留，眞性始見，方有操持涵
養之地」〔註23〕而這一點最終所服務的，就是所謂成聖的追求。

1、誠意與靜坐

「君子之學終身只是集義一事。義者宜也。心得其宜之謂義。」〔註24〕，
所謂的集義，是陽明繼承孟子的術語，其實質就是誠意，使心恢復到純潔光
明的本來狀態。在成聖之道的探求上，王陽明有過從事佛老之學的經歷，雖
然在陽明洞之悟後，王陽明徹底歸宗儒門，但佛老之學對他的影響確是客觀
存在的。這方面最明顯的就是在工夫論上對靜坐的吸納。靜坐爲王陽明的誠
意之教提供了路徑，並成爲他的教法之一，錢德洪說：

> 先師始學，求之宋儒。不得入，因學養生，而沉酣於二氏，恍若
> 得所入焉。至龍場，再經憂患，而始豁然大悟「良知」之旨。自是出
> 與學者言，皆發「誠意」「格物」之教。病學者未易得所入也，每談二
> 氏，猶若津津有味。蓋將假前日之所入，以爲學者入門路徑。〔註25〕

〔註22〕錢德洪：《刻文錄敍說》，《王陽明全集》卷41。
〔註23〕《年譜》武宗正德五年庚午條。
〔註24〕《傳習錄》170。
〔註25〕錢德洪：《答論年譜書》，《王陽明全集》卷37。

事實上，在王陽明之前，靜坐作爲一種方法已經被理學家嘗試。《二程外書》記載：

> 謝顯道習舉業已知名，往扶溝見明道先生受學，志甚篤。明道一日謂之曰：「爾輩在此相從，只是學某言語，故其學心口不相應，曷若行之？」請問焉。曰：「且靜坐。」伊川每見人靜坐，便歎其善學。〔註26〕

此後，陸九淵也教人「惟終日靜坐，以求本心」，其弟子也多做「澄坐內觀」工夫，但「這一依賴於靜坐以悟得心體的機理，與佛教止觀之法和道教內視之法並沒有本質的區別」〔註27〕。正是基於這一理由，朱子批評陸九淵只靜坐，認爲有坐禪入定之弊。

在王陽明這裡，靜坐法最初是作爲悟得心體的方法引入的，龍場悟道「默坐澄心」，所用的就是靜坐之法。在悟得「心即理」後，王陽明探求誠意工夫時，就把靜坐作爲教法之一，正德五年，他在辰中與諸生靜坐，「使自悟性體，顧恍惚若有可即者」，正德八年～九年在滁陽講學時，因學者所爲是口耳之學，對於內在的德性提高並無幫助，也以靜坐之法教之，（學者）「一時窺見光景，頗收近效」，通過靜坐，一時達到了誠意的目的。

需要指出的是，靜坐的目的不是杜絕一切思慮，而是培養一種「物各付物」的寧靜心境。在孟源問王陽明「靜中思慮紛雜，不能強禁絕」時候，他回答說「紛雜思慮亦強禁絕不得，只就思慮萌動處省察克治，到天理精明後，有個物各付物的意思，自然精專無紛雜之念」〔註28〕這裡的所謂的「物各付物」的寧靜心境，是「天理精明」的結果，這是陽明心學與佛老的根本不同，這樣才是聖人誠意之學。

靜坐之法的弊端不久就暴露出來了。滁州學者習靜坐，「久之，漸有喜靜厭動、流入枯槁之病。或務爲玄解妙覺，動人聽聞」〔註29〕。「務爲玄解妙覺，動人聽聞」就是說，靜坐並沒有與誠意很好的結合起來，放棄了提高內在德性的根本追求，只是實現了靜止狀態下的誠意，在與事物交接的時候，就現出了弊端，即是所謂「喜靜厭動、流入枯槁」，靜坐明顯背離了儒家正心誠意

〔註26〕《二程集》卷12。
〔註27〕見陳多旭：《教化與工夫──工夫論視域中的陽明心學系統》，北京師範大學博士學位論文，2007年，頁106。
〔註28〕《全書》卷26。
〔註29〕《傳習錄》262。

的道德立場。陽明有兩句詩，代表了他對靜坐流弊的態度：「操持存養本非禪，矯枉寧知己過偏」〔註30〕靜坐淪爲禪定，這明顯有悖於誠意的初衷。

這裡需要對陽明的靜坐與佛教的禪定略微做一區分。二者最明顯的不同，在於所要達到的目的不同。陽明心學所追求的是誠意，並由此成爲聖人，而佛教禪定所要達到的是成佛。其次，支撐二者修養工夫的理論根據有別，陽明心學靜坐的依據是儒家天人合一的理論，而佛教禪坐的修爲工夫，需要從空性的角度理解。但是這一區分併沒有被很好的理解和領會，這種情況下，王陽明提出了事上磨煉說。

2、誠意與事上磨煉說

《年譜》孝宗弘治元年戊申條載：

> 官署中蓄紙數篋，先生日取學書，比歸，數篋皆空，書法大進。先生嘗示學者曰：「吾始學書，對模古帖，止得字形。後舉筆不輕落紙，凝思靜慮，擬形於心，久之始通其法。既後讀明道先生書曰：『吾作字甚敬，非是要字好，只此是學。』既非要字好，又何學也？乃知古人隨時隨事只在心上學，此心精明，字好亦在其中矣。」後與學者論格物，多舉此爲證。

王陽明少年學書過程中，在心事交融理論的指導下，「凝思靜慮，擬形於心」，終於「書法大進」。寫字一事，看起來是筆上工夫，實際上是心上工夫，心地精明才能書法大進。這是王陽明事上磨煉的最早嘗試。此後，在發現靜坐之不足後，爲了糾正其弊端，王陽明正式提出了事上磨煉的學說。

「人須在事上磨，方立得住，方能靜亦定、動亦定。」〔註31〕「人須在事上磨煉，做工夫，乃有益」〔註32〕事上磨煉就是心上磨煉，就是在事上磨煉此心。心之所發即是意，這樣在事上磨煉此心，也就是誠意。事上磨煉以及知行合一、致良知等工夫論的提出，充分展示了王陽明哲學「更強調動的、行的方面」〔註33〕的特點。

「事上磨煉」，就是在日常生活的行爲舉動中自覺磨煉此心以誠意。事上磨煉的工夫是不可間斷的，人們必須時時刻刻對自己的「意」進行判斷、裁

〔註30〕《全集》卷20，《次欒子仁韻送別四首》。
〔註31〕《傳習錄》23。
〔註32〕《傳習錄》204。
〔註33〕陳來：《有無之境——王陽明哲學精神》，北京：人民出版社，1991年，頁298。

決，以達到「誠意」的目的。「凡人為學，終身只為這一事，自少至老，自朝至暮，不論有事無事，只是做得這一件，所謂必有事焉者也」〔註34〕，所謂的「這一事」，就是誠意。

王陽明把世上講學的人分為兩種：有以口耳講學的，有以身心講學的。以口耳講學的，揣測估摸，無益於主體內在德性的提高。而「以身心講學」，則「為學終身只是一事，不論有事無事，只是這一件」，在事務的應對處理中「誠意」以涵養內在德性，涵養德性與處理事務兩者不僅是並行不悖，而且由於內在德性的涵養發明依託事務處理而進行，從而使這種發明、體認更為真切實際，在心正意誠後，化德性為德行，更能體現內在德性在個人日常生活中的指導地位。「君子之酬酢萬變，當行則行，當止則止，當生則生，當死則死，斟酌調停，無非是致其良知，以求自慊而已。」〔註35〕當一位下屬官吏向王陽明抱怨日常工作太繁重，沒有時間另做格物致知的學問時，王陽明回答：「我何嘗教爾離了簿書訟獄懸空去講學？爾既有官司之事，便從官司的事上為學，才是真格物。」〔註36〕這種在處理訟獄過程中正心誠意的行為便是「事上磨煉」。

事上磨煉還表現在對禮的踐履上。王陽明在《訓蒙大意示教讀劉伯頌等》說：「導之以習禮者，非但肅其威儀而已，亦所以周旋揖讓而動蕩其血脈，拜起屈伸而固束其筋骸也。」〔註37〕這裡主要是針對兒童而言，但具有一般普遍性。踐履禮以事上磨煉，通過習禮以培養出對於道德生活的敬意。這表明，踐禮與事上磨煉一樣，最終的結果仍然是歸結為對心的磨煉。

王陽明的「事上磨煉」，與陸九淵的「在人情、事勢、物理」上做些功夫頗為類似，體現的都是「不離日用常行」的方法，與程朱講學與日常生活為二的修持方式根本不同，簡單易行，提倡在日常踐履中正心誠意，在日常生活中隨時培養提高道德水平，這為不以讀書為業者打開了「學至聖人」的方便之門，這與王陽明平民化的聖人觀是相一致的。

事上磨煉工夫的弊端在於，忽視了靜時的涵養工夫，也就是所謂的「養未發之中」。修養「未發之中」的方法，關鍵在於時時警醒，不為私欲遮蔽，不讓心體為感情紛擾。其工夫的要訣在於戒懼克制、長提不放。事上磨煉雖

〔註34〕《傳習錄》147。
〔註35〕《傳習錄》170。
〔註36〕《傳習錄》218。
〔註37〕《傳習錄》195。

然有利於事爲，有利於在日常踐履中隨時提撕以誠意，卻不能直接有益於涵養未發之中。基於這種考慮，王陽明探索提出了知行合一的學說。

3、誠意與知行合一

3.1 早期理學中的知行學說

3.1.1 程頤的知行說

在討論程頤的知行學說前，我們先來看看程頤對於知的認識。

在程頤看來，知有兩種，「眞知」和「常知」：

> 眞知與常知異。常見一田夫，曾被虎傷，有人說虎傷人，衆莫不驚，獨田夫色動異於衆。若虎能傷人，雖三歲童子莫不知之，然未嘗眞知。眞知須如田夫乃是。故人知不善而猶爲不善，是亦未嘗眞知。若眞知，決不爲矣。〔註38〕

「眞知」是從親身經歷、親身探索中獲得的對事物的認識，「眞知」是一種存在性認識，這種認識必然伴隨著行爲和態度的變化。而「常知」則是由言談而來的一知半解，屬於知識性的瞭解。

「眞知」須如農夫知虎，農夫所以談虎色變，是因爲他曾被虎傷，知道老虎的威力。這種「眞知」，程頤又稱爲「實理」：

> 實理者，實見得是，實見得非。凡實理，得之於心自別。若耳聞口道者，心實不見。若見得，必不肯安於所不安。〔註39〕

對「實見」的這種自信，來源於程頤對人的認識。在程頤看來，對「天理」的認知，是人天生所具備的，由於外物的吸引，使人喪失了對天理的認同，所以眞正能體認天理，就是恢復這種本能：知者吾之所固有，然不致則不能得之，而致知必有道，故曰「格物在致知」。〔註40〕

程頤關於知，又有「德性之知」與「見聞之知」的區分：

> 聞見之知，非德性之知，物交物則知之，非內也。今之所謂博物多能者也。德性之知，不假聞見。〔註41〕

> 聞見之知，非心知也。〔註42〕

〔註38〕　《二程集》卷2，《二先生語錄》上。
〔註39〕　《二程集》卷15，《伊川先生語一》。
〔註40〕　《二程集》卷15，《伊川先生語一》。
〔註41〕　《二程集》卷15，《伊川先生語一》。
〔註42〕　《二程集》卷15，《伊川先生語一》。

「聞見之知」與「德性之知」不同,其區別在於「聞見之知」所借助的知覺形式是所謂「聞見」,通過「物交物則知之」,「德性之知」則不然,乃是一種「心知」,並不假借「聞見」的形式。

根據程頤的論說,可以知道「德性之知」事實上包含了兩層意思:一是指人的內心觀照,「事外無心,心外無事」〔註43〕,人心本身是圓滿自足的,同時「人心至靈,一萌於思,善與不善,莫不知之」〔註44〕,其原因在於「物我一理,才明彼即曉此,合內外之道也」〔註45〕;二是指人的理性認識,伊川認爲「學莫貴乎自得。得非外也,故曰自得」〔註46〕,達到自得的方式就是「思」:「須是於思慮之間得之,大抵只是一個明理」〔註47〕,「思慮而得之」,指的就是人的理性認識。

總之,程頤區分了真知與常知,並提出真知必能實行,真知必然引起態度和行爲的變化,這在某種意義上,成爲王陽明知行合一學說的先聲。程頤說,「人謂要力行,亦只是淺近語。人既有知見,豈有不能行?」〔註48〕,「知之深,則行之必至,無有知而不能行者。」〔註49〕「知而不能行,只是知的淺」。〔註50〕表達了他對於知行關係的看法。

3.1.2 朱熹的知行說

朱熹繼承了程頤的學說並有可貴的發展,提出了「知行常相須」的觀點。朱熹說,「知行常相須,如目無足不行,足無目不見。論先後,知爲先,論輕重,行爲重。」〔註51〕,「方其知之而行未及之,則知尙淺。既親歷其域,則知之益明,非前日之意味。」〔註52〕儘管知行不可分離,但是從時間上說,卻是知在前,行在後。

在朱熹看來,「爲學之功,且要行其所知。」〔註53〕「窮理既明,則理之

〔註43〕《河南程氏遺書》第18。
〔註44〕《河南程氏經說》卷3。
〔註45〕《河南程氏遺書》卷18。
〔註46〕《河南程氏遺書》卷25。
〔註47〕《河南程氏遺書》卷22上。
〔註48〕《河南程氏遺書》卷17。
〔註49〕《河南程氏遺書》卷15。
〔註50〕《河南程氏遺書》卷15。
〔註51〕黎靖德編:《朱子語類》卷9。
〔註52〕黎靖德編:《朱子語類》卷9。
〔註53〕《朱文公文集》卷66《答呂道一》。

所在，動必由之。」〔註54〕又說：「故聖賢教人，必以窮理爲先，而力行以終之。」〔註55〕「力行」是「窮理」的終點，所謂「行其所知」的意義就不在於篤行，而是在於窮理，是爲了求得「眞知」，所謂「但只就此略知得處著實體驗，須有自然信得及處，便是眞知也」〔註56〕，就說明了這層意思。

朱熹不再分別「見聞之知」與「德性所知」，其基本思路卻是沿著張載走的。張載認爲，知分爲德性之知與見聞之知，「德性所知，不萌於見聞。」〔註57〕，德性之知是人生而固有的，無須接觸外界事物，只要通過內心修養就可以把它發揮出來，並認爲它高於「物交而知」的「見聞之知」。「德性所知」無須依賴於「見聞之知」，但又肯定「見聞之知」對「德性所知」有某種啓發作用，聲稱「耳目雖爲性累，然合內外之德，知其爲啓之之要也」〔註58〕。

朱熹「格物致知」的思想是對張載知識論思想的繼承與發展。一如張載所謂「德性所知，不萌於見聞」，朱熹所謂「致知」，其實也並不依賴於「格物」；「格物」對「致知」，僅是起「啓之」的作用。也正是在這個意義上，他才強調「格物窮理」，其意義不過在於「因其已知之理而益窮之，以求至乎其極」而已。就是說，旨在「求至乎其極」的「格物窮理」，實質上是靠自身「經歷」（生活實踐）來達到對其心中固有的「已知之理」的深切體驗。

朱熹的知所指向的是天理，其目的在於明道德之善，掌握的途徑，朱熹在編輯的《近思錄》裏收集了程頤對「格物致知」的解釋，他說：「凡一物上有一理，須是窮致其理。窮其理亦多端，或讀書講明義理；或論古今人物，別其是非；或應接事物，而處其當，皆窮理也。」這種方式的窮理，忽視了對內在心性的磨煉，其弊端在於，窮理沒有同主體德性的提高聯繫起來，甚至使人以爲道德就在於能言，即便是能行，也只在於追求模擬彷彿的形似，這一點在王陽明時代已經暴露的很明顯了。朱熹的格物致知學說中，格物對應的是見聞之知，致知所對應的就是德性之知。不同的是，朱熹並沒有把兩者明確地結合起來。

3.1.3 陸九淵的知行說

朱熹指責陸九淵「其病卻在盡廢講學而專務踐履，於踐履中要人提撕省

〔註54〕《朱文公文集》卷4《答程允夫》。
〔註55〕《朱文公文集》卷54《答郭希呂》。
〔註56〕《朱文公文集》卷59《答趙恭父》。
〔註57〕《正蒙・大心》。
〔註58〕《正蒙・大心》。

察，悟得本心，此爲病之大者」〔註 59〕，認爲陸九淵只講踐履，不務講學，確實切中了陸九淵的要害。

表面上看起來，陸九淵也是主張知先行後。他說，「自《大學》言之，固先乎講明矣。自《中庸》言之……未嘗學問思辨，而曰吾唯篤行之而已，是冥行者也。自《孟子》言之，則事蓋未有無始而有終者。講明之未至，而徒恃其能力行，是猶射者不習於教法之巧，而徒恃其有力，謂吾能至於百步之外，而不計其未嘗中也。」〔註 60〕陸九淵在聽陸九韶說「博學之，審問之，愼思之，明辨之，篤行之，此是《中庸》要語」後，馬上反詰：「未知，博學個什麼？審問個什麼？明辨個什麼？篤行個什麼？」這似乎說明，在知行問題上，陸九淵所持觀點與朱熹一樣。

但是細究二人對何謂知的定義，就能清楚的分辨朱陸之不同。在朱熹，所謂的知所指向的是天理，而陸九淵所謂的知則是要「先立乎其大者」，要先發明本心，確立道德意識的主導地位，以此統攝博學、明辨等知識性、思辨性活動，以及道德踐履等實踐性活動。陸九淵認爲這是根本性的。

如何「先立其大者」，陸九淵採取的方法是在日常生活中點化，以此「發明本心」。他說，「聖人教人只是就人日用處開端」〔註 61〕陸九淵《年譜》乾道八年載，楊簡對「本心」的含義不理解，「敬仲（楊簡）斷其曲直訖，又問如初。先生曰：『聞適來斷扇訟，是者知其爲是，非者知其爲非，此即敬仲本心。』敬仲忽大覺」。在陸九淵看來，每一個人天賦一顆純厚善良的赤子之心，但是後天環境的習染、駁雜的外物牽引，遮蔽了此心。後天修養中，人需要「剝落」，擯棄遮蔽，日漸恢復到人之初始的赤子之心的狀態。陸九淵說，「知非則本心即復。」〔註 62〕「知非」的前提是「尊德性」，在學習之前，「學者須是打疊田地淨潔，然後令他奮發植立。若田地不淨潔，則奮發植立不得。古人爲學即『讀書然後爲學』可見。然田地不淨潔，亦讀書不得。若讀書，則是假寇兵，資盜糧。」〔註 63〕由於陸九淵強調在日常生活中感知和點悟「本心」，所以朱熹說他「盡廢講學而專務踐履」，「遊其門者多踐履之士，然於道問學處欠了」〔註 64〕。陸九

〔註 59〕《朱文公文集》卷 3《答張敬夫》之十八。
〔註 60〕《陸九淵集》卷 2《與趙泳道》二。
〔註 61〕《陸九淵集》卷 35《語錄下》。
〔註 62〕《陸九淵集》卷 35，《語錄下》。
〔註 63〕《陸九淵集》卷 35，《語錄下》。
〔註 64〕《陸九淵集》卷 34，《語錄上》。

淵注意在日用常行中點化「本心」，突出行爲的重要性以及對內在德性修養的要求，這一點已經孕育著王陽明的「知行合一」說。

3.2 王陽明知行合一說的提出

心即理，所以聖人只在心上說，成聖的工夫便只在自己身心上做，境遇的逆順在所不論。相反，逆境正有利於磨煉身心。知行合一是王陽明龍場之悟後所提出的「在身心上做工夫」的具體途徑。因此，瞭解知行合一的內容，需要先明確何謂王陽明倡導的「身心之學」。

身心之學是宋明理學的主題，也被稱爲「聖人之道」或「心性之教」，所關心的核心問題是，如何通過道德的自我修養成爲一個聖人，也就是如何在自己的生活方式中體現出最高和最完美的人性。

早在被稱爲理學開山的周敦頤那裡，學以成聖的命題就被明白提出：

> 聖可學乎？曰：可。曰：有要乎？曰：有。請問焉。曰：一爲
> 要。一者，無欲也。無欲則靜虛動直。靜虛則明，明則通；動直則
> 公，公則溥。明通公溥，庶矣乎！〔註65〕

此後，聖人可學而至的命題被理學各派都予以採納。唯獨在如何學以成聖上，各家給出了自己不同的答案。對這一問題的回答，集中表現在追尋所謂的孔顏之樂上。獲致孔顏之樂的路徑，理學家大致提出五種，包括周敦頤提出的「無欲」與靜悟同時輔以禮樂教化，程顥提出的「不須檢防、不須窮索」「勿忘勿助」以達到「渾然與物同體」的「仁者」體驗，程頤、朱熹等提出的「格物窮理」與「持敬」以達到「純粹天理」的順泰，張載、葉適、王夫之等從「氣體道用」出發提出的「致誠」「實爲」以使萬物「順生遂性」等。〔註66〕王陽明通過龍場之悟，由朱熹對身心之學的回答上溯，自覺的承接起這一問題，並給出了自己的回答。

如何在身心上做工夫，成爲陽明此後思考的重點。所謂在身心上工夫，指的是能夠不受外在條件限制、隨時隨地做修養工夫，達到所謂「無入而不自得」的境地。達到這一點，首先需要擺脫的是，外在事功的誘惑和束縛。這一對成聖途徑的新理解，突出了身心修養對外在環境的超越，最好體現了這一點的就是曾皙：

〔註65〕《通書·聖學第二十》。

〔註66〕見李煌明：《宋明理學中的「孔顏之樂」問題·導論》，昆明：雲南人民出版社，2006年。

問:「孔門言志,由、求任政事。公西赤任禮樂。多少實用?及
曾皙說來,卻似耍的事。聖人卻許他,是意何如」?曰:「三子是有
意必。有意必,便偏著一邊。能此未必能彼。曾點這意思卻無意必。
便是『素其位而行,不願乎其外』、『素夷狄,行乎夷狄。素患難,
行乎患難。無人而不自得』矣。三子所謂『汝器也』,曾點便有不器
意。然三子之才,各卓然成章。非若世之空言無實者。故夫子亦皆
許之」。〔註67〕

曾皙胸懷灑落,隨遇而安,並不在意政事禮樂等外在事功的顯赫,並無追求
實用的執著,只是順從自己的既定條件,在既定條件的限制下,專心做修養
工夫,卻因此得到孔子的稱許。在對曾皙的評價中,王陽明曲折的總結了自
己前半生的學術歷程,並在這一總結中,突出了自己對於聖人的理解。聖人
不必有事功上的作為,不必有文章功名上的成就,甚至不必冒死犯顏強諫,
他只須修養自己的品德就是一個完全的聖人了。

從身心上做工夫,就是隨時隨地做工夫,通過道德的自我修養成為聖人,
從心上說就在於使「此心無私欲之蔽」〔註68〕,具體的節目無外乎去私心,
去名利心,使此心「純乎天理」。從身上說,就是要即知即行,把此「純乎天
理」的心所知的體現在行動上,用黃宗羲的話說,就是「本心之知即明,不
欺本心之明即行也,不得不言知行合一」〔註69〕。可以看出,身心之學的提
出,是王陽明龍場之悟提出格物新解後所指向的修養方法,而知行合一則是
對這一方法的進一步具體化。

正德四年(1509),王陽明開始提出知行合一,當時王陽明在龍崗書院講學,
貴州提學副使席元山前來問學,主要想瞭解「朱陸同異之辨」,王陽明「不語朱
陸之學,而告之以其所悟……明日復來,舉知行本體證之《五經》諸子,漸有
省。往復數四,豁然大悟,謂『聖人之學復睹於今日;朱陸異同,各有得失,
無事辯詰,求之吾性本自明也。』」〔註70〕王陽明講知行合一,最早提出的就是
「知行本體」,並且用儒家經典對此進行了證明,席元山的反映表明,知行本體
不僅於書有據,而且是個人可以體會感悟的,在「吾性」上也有其根據。

〔註67〕《傳習錄》29。
〔註68〕《傳習錄》3。
〔註69〕《明儒學案‧姚江學案》。
〔註70〕《年譜》正德四年條。

3.3 王陽明對知行合一的解說

《傳習錄》上記載了王陽明本人關於知行合一的論述：

　　愛曰：「如今人儘有知得父當孝，兄當弟者，卻不能孝，不能弟。便是知與行分明是兩件」。先生曰：「此已被私欲隔斷，不是知行的本體了。未有知而不行者。知而不行，只是未知。聖賢教人知行，正是要復那本體。不是著你只恁的便罷。故《大學》指個真知行與人看，說『如好好色』，『如惡惡臭』。見好色屬知，好好色屬行。只見那好色時，已自好了。不是見了後，又立個心去好。聞惡臭屬知，惡惡臭屬行。只聞那惡臭時，已自惡了。不是聞了後，別立個心去惡。如鼻塞人雖見惡臭在前，鼻中不曾聞得，便亦不甚惡。亦只是不曾知臭。就如稱某人知孝，某人知弟。必是其人已曾行孝行弟，方可稱他知孝知弟。不成只是曉得說些孝弟的話，便可稱為知孝弟。又如知痛，必已自痛了，方知痛。知寒，必已自寒了。知饑，必已自饑了。知行如何分得開？此便是知行的本體，不曾有私意隔斷的。聖人教人，必要是如此，方可謂之知。不然，只是不曾知。此卻是何等緊切著實的工夫。如今苦苦定要說知行做兩個，是甚麼意？某要說做一個，是什麼意？若不知立言宗旨。只管說一個兩個，亦有甚用」？愛曰：「古人說知行做兩個，亦是要人見個分曉，一行做知的功夫，一行做行的功夫，即功夫始有下落」。先生曰「此卻失了古人宗旨也。某嘗說知是行的主意，行是知的功夫；知是行之始，行是知之成。若會得時，只說一個知，已自有行在；只說一個行，已自有知在。古人所以既說一個知，又說一個行者，只為其間有一種人，懵懵懂懂的任意去做，全不解思惟省察，也只是個冥行妄作，所以必說個知，方才行得是。又有一種人，茫茫蕩蕩，懸空去思索，全不肯著實躬行，也只是個揣摸影響，所以必說一個行，方才知得真。此是古人不得已補偏救弊的說話，若見得這個意時，即一言而足，今人卻就將知行分作兩件去做，以為必先知了，然後能行。我如今且去講習討論做知的工夫，待知得真了，方去做行的工夫，故遂終身不行，亦遂終身不知。此不是小病痛，其來已非一日矣。某今說個知行合一，正是對病的藥。又不是某鑿空杜撰。知行本體原是如此。今若知得宗旨時，即說兩個亦不妨，亦只是一個。若不會

宗旨，便說一個，亦濟得甚事？只是閒說話。」〔註71〕

徐愛的發問，是從常識的角度提出的。從常識或者生活經驗來看，知行確實是二非一，王陽明在這裡提出了所謂的知行本體，「知之眞切篤實處即是行，行之明覺精察處即是知，知行工夫，本不可離。只爲後世學者分作兩截用功，先卻知、行本體，故有合一並進之說，眞知即所以爲行，不行不足謂之知。」〔註72〕知行的本體只是一個，知行只是一個事情的兩個方面，「只說一個知，已自有行在。只說一個行，已自有知在」，二者不可分離，如好好色，如惡惡臭。見好色和聞惡臭屬知，好好色和惡惡臭屬行，二者是同時發生的，知和行不過是觀念上的分別而已。

賀麟從其理性主義出發，認爲王陽明「知是行的主意，行是知的工夫。知是行之始，行是知之成。」所反映的是「知主行從」說。〔註73〕這一判斷並不符合陽明思想實際。陽明的「知是行的主意，行是知的工夫」，具體到一件事情上看，「知是行之始，行是知之成」，知與行總是結合在一起，無法割裂的，知是行的發端，行是知的完成。更進一步，知中有行，行中有知，「知之眞切篤實處即是行，行之明覺精察處即是知」。這兩者都是知行合一、知行並重的意思，並不表示出重知的傾向。陽明認爲知是發出行爲、支配行爲的主意，行是在這一主意指導下的具體實踐，二者相互滲透相互包含，本來就是合一的。由此，王陽明提出了知行本體的概念。

理解知行本體的概念，需要聯繫當時的社會背景。王陽明是針對當時的社會風氣提出這一命題的，提出本來合一的知行本體概念，是要反對當時社會上存在的知行分離、知而不行的風氣。他說，「君子之學何嘗離去事爲而廢論說，但其從事於事爲論說者，要皆知、行合一之功，正所以致其本心之良知，而非若世之徒事口耳談說以爲知者，分知、行爲兩事，而果有節目先後之可言也。」〔註74〕

在王陽明看來，「今天下波頹風靡，爲日已久，何異於病革臨絕之時。然而人是己見，莫肯相下求正。」〔註75〕當時社會上人人陷於鄉愿而不自知，

〔註71〕《傳習錄》5。

〔註72〕《傳習錄》133。

〔註73〕賀麟：《知行合一新論》，載《近代唯心論簡釋》，重慶：獨立出版社，1943年，頁51～86。

〔註74〕《傳習錄》140。

〔註75〕《全集》卷21，《答儲柴墟》二。

其根本原因在於割裂了知行本體，在社會生活中，「論行迹而遺心術」，沒有從根本上發現弊病，更談不上解決問題了。這樣的社會風氣形成的原因，在王陽明看來，是沒有從身心上做工夫，偏離了知行本來合一的本體：

> 天下所以不治，只因文盛實衰，人出己見，新奇相高，以眩俗取譽，徒以亂天下之聰明，塗天下之耳目，使天下靡然爭務修飾文詞，以求知於世，而不復知有敦本尚實、反樸還淳之行，是皆著述者有以啓之。〔註76〕

天下所以不治，根本原因在於學術不明：

> 今天下之不治，由於士風之衰薄，而士風之衰薄，由於學術之不明。〔註77〕

所謂的學術不明，主要表現在為己之學被人遺忘，為學的重心流於章句訓詁，並沒有與主體內在精神境界的提高聯繫起來：

> 蓋至於今，功利之毒淪浹於人之心髓，而習以成性也幾千年矣，相矜以知，相軋以勢，相爭以利，相高以技能，相取以聲譽。其出而仕也，理錢穀者則欲兼夫兵刑，典禮樂者又欲與於銓軸，處郡縣則思藩臬之高，居臺諫則望宰執之要。故不能其事，則不得以兼其官；不通其說，則不可以要其譽，記誦之廣，適以長其敖也；知識之多，適以行其惡也；聞見之博，適以肆其辨也；辭章之富，適以飾其偽也。〔註78〕

知識技能的增長，不但沒有抵禦「功利之毒」，反而成為爭奪勢利的籌碼。要破除功利之毒的危害，需要探尋另外的途徑。在王陽明看來，朱熹的格物致知的學說是造成當時的道德危機的根本原因。王陽明批判朱熹的格物說，不是單純的學術爭論，而是有著很強的針對性，有著明顯的現實關懷，就是要解決這一道德危機。由此王陽明提出了自己的知行合一說。在《啓問道通書》的第四通中，王陽明說：

> 知行合一之說，專為近世學者分知行為兩事，必欲先用知之功而後行，遂致終身不行，故不得已而為此補偏救弊之言。學者不能著體履，而又牽制纏繞於言語之間，愈失而愈遠矣。行之明覺精

〔註76〕《傳習錄》11。
〔註77〕《全書》卷22《送別省吾林都憲序》。
〔註78〕《傳習錄》143。

> 察處即是知，知之眞切篤實處即是行。足下但以此語細思之，當自
> 見，無徒爲此紛紛也。

這種情況下，王陽明提出的解決辦法是提倡「爲己之學」：「君子之學，爲己
之學也。」〔註 79〕爲己之學區別於章句訓詁之學，其的目的是自我精神境界
的提升以及品德的完善：

> 人有言古之學者爲己，今之學者爲人。今之學者須先有篤實爲
> 己之心，然後可以論學。不然，則紛紜口耳講說，徒足以爲爲人之
> 資而已。〔註 80〕

王陽明晚年具體談到自己提出知行合一的原因。嘉靖五年，王陽明在《書林
司訓卷》中說：

> 周衰而王迹熄，民始有無恒產者。然其時聖學尚明，士雖貧困，
> 猶有固窮之節；里閭族黨，猶知有相恤之義。逮其後世，功利之說
> 日浸以盛，不復知有明德親民之實。士皆巧文博詞以飾詐，相規以
> 僞，相軋以利，外冠裳而內禽獸，而猶或自以爲從事於聖賢之學。
> 如是而欲挽而復之三代，鳴呼其難哉！吾爲此懼，揭知行合一之說，
> 訂致知格物之謬，思有以正人心，息邪說，以求明先聖之學，庶幾
> 君子聞大道之要，小人蒙至治之澤。〔註 81〕

這裡直接說出了知行合一的理論所指在於當時社會存在的道德危機。在王陽
明看來，傳統儒學的精華在於所謂身心之學，講究的是「有明德親民之實」，
而當時的士人卻受到功利之說的侵害，「巧文博詞以飾詐」，以聖人之學的外
衣，掩蓋著自己禽獸之行，整個社會彌漫著這樣的言行不一、知行脫節的氛
圍。分知行爲二，更極端的影響在於，使人不能夠做到有錯即改。如果只是
著眼於外在的行爲進行評價，一方面如上所述，造成一批「居之似忠信，行
之似廉潔」的鄉愿，另一方面，則是更多的人對自己的道德標準有所降低。
既然知行爲二，則心中產生不善的念頭，因爲並沒有實行，沒有造成後果，
就不去禁止，對自己的不善之念姑息原諒。從知行合一的觀點看，對心中的
一念不善，在其萌芽狀態就堅決克除，以此保持心地的純正。

　　《傳習錄》裏另外一段記載，把這層意思說的更加顯豁：

〔註 79〕《全集》卷 8，《書王嘉秀請益卷》。
〔註 80〕《全集》卷 27，《與顧惟賢》。
〔註 81〕《全集》卷 8，《書林司訓卷》。

　　　　問知行合一。先生曰：「此須識我立言宗旨，今人學問，只因知
　　　行分作兩件，故有一念發動，雖是不善，然卻未曾行，便不去禁止。
　　　我今說個『知行合一』，正要人曉得一念發動處，便即是行了。發動
　　　處有不善，就將這不善的念克倒了，須要徹根徹底，不使那一念不
　　　善潛伏在胸中：此是我立言宗旨。」〔註82〕

陽明講「一念發動處即是行」，依照賀麟的研究，屬於他所說的自然的知行合
一或者普遍的知行合一，「自然」是說這種知行合一是自然而然、無須勉強的，
任何活動都不能不知行合一，「普遍」是說這種合一是沒有例外的。「一念發
動」按照常識的說法，只能是知，它沒有外在的行為，只是觀念中的活動。
但依據自然的知行合一，一念發動必有身體的動作與之配合，必有腦神經的
活動，必有作為觀念載體的物質的變化，這種活動雖然極為微小，但並非無
法確定。〔註83〕一念不善，就是為惡；但是一念善，卻未必是為善。可以看
出，知行合一對為善提出了更高的要求。為善不僅僅是行為上的善，更要求
心裏所伴隨的意識的善。知行合一對惡也提出了更為嚴苛的評判標準，不只
是有惡行才是惡，心中一有不善的念頭就是在為惡。就為惡在這個意義上，
知行合一說提高了為善的標準，其所謂的「一念發動處即便是行了」，是要人
主動克除心中不善的念頭，把這不善的念頭要作為惡行來對待，而不是因為
其沒有實施就苟且放過，這不是以知為行，也不是取消了真正的「行」。在這
個意義上，王夫之對知行合一說的批評，並沒有切中知行合一的要害，毋寧
是一種誤解。

　　王夫之說，「若夫陸子靜、楊慈湖之為言也，吾知之矣。彼非謂知之可後
也，其所謂知者非知也，而行者非行也。知者非知，然而猶有其知也；行者
非行，則確乎其非行，而以其所知為行也。以知為行，則以不行為行，而人
之倫、物之理，若或見之，不以身心嘗試焉」〔註84〕王夫之認為，王陽明的
知行合一抹煞了知和行的界限，「以其所知為行」，「銷行以歸知」，細究起來，
是一種知先說。他認為，這種知行觀「皆先知後行，劃然離行以為知者也」，
都是以知和行相互脫離為特徵的。從上面引文來看，王陽明並沒有「銷行以

〔註82〕《傳習錄》226。
〔註83〕賀麟：《知行合一新論》，載《近代唯心論簡釋》，重慶：獨立出版社，1943
　　　　年，頁51～86。
〔註84〕《尚書引義‧說命中二》。

歸知」，也沒有僅僅停留在知的階段，「以其所知爲行」，他只是提高了行的標準，對道德提出了更高的標準和要求而已。知行合一重點指出了，善行本身必須包含善的動機，否則流於形式，成爲鄉愿式的僞道德，但這並不是以善的動機等同於善行。所謂的以其所知爲行，毋寧是對不道德行爲的界定，有一不善之念，如果不及時克去，就等同於爲惡。

正如黃縮所言，「守仁發此，欲人言行相顧，勿事空言以爲學也」〔註85〕王陽明的知行合一說，其目的在於提倡從身心上做工夫的實學，如果能言行相顧，說知行是一是二都無關緊要，如果做不到這一點，即便說知行合一，也是流入了口耳之學。王陽明說「今若知得宗旨時，即說兩個亦不妨。亦只是一個。若不會宗旨，便說一個，亦濟得甚事？只是閒說話」〔註86〕，「若頭腦處見得分明，見得原是一個頭腦，則雖把知行分作兩個說，畢竟將來做那一個工夫，則始或未便融會，終所謂百慮而一致矣。若頭腦見得不分明，原看做兩個了，則雖把知行合作一個說，亦恐終未有湊泊處，況又分作兩截去做，則是從頭至尾更沒討下落處也。」〔註87〕知行合一的主要目的，在於倡導力行而勿流於空言，在力行的同時一定要有相應的心理狀態或者說主觀上的道德覺悟相伴隨，如果能做到這一點，說知行是一是二都無關緊要。

如前所述，知行合一中的知，不是一般意義上的知識，而是作爲心之本體的「良知」：

> 知是心之本體，心自然會知：見父自然知孝，見兄自然知弟，見孺子入井自然知惻隱，此便是良知不假外求。若良知之發，更無私意障礙，即所謂「充其惻隱之心，而仁不可勝用矣」。然在常人不能無私意障礙，所以須用致知格物之功勝私復理。即心之良知更無障礙，得以充塞流行，便是致其知。知致則意誠。〔註88〕

作爲心之本體的「良知」，也就是道德的判斷原則，前面已經說過，道德判斷原則與道德踐履原則相互蘊含，知行合一所要表達的就是這個意思。

知行合一的行，也不是一般意義上的行。「在『知行合一』說之中，『行』字的意涵一方面比通常的理解要來得窄。……但在另一方面，陽明賦予『行』

〔註85〕《王陽明全集》卷35《年譜》3。
〔註86〕《傳習錄》5。
〔註87〕《王陽明全集》卷6《答友人問》。
〔註88〕《傳習錄》6。

字的意義又比通常的理解要更寬泛。」〔註89〕「行」字的內涵比通常的理解要狹窄的意思是，「陽明亦將脫離良知明覺的盲目行動排除於『行』的概念之外」〔註90〕。至於李明輝所說的「比通常的理解要更寬泛」這一層意思，我們在前面分析王夫之對陽明知行合一思想的批判時候已經講過了。

3.5 知行合一與誠意之教

陽明以誠意來解釋知行合一：

> 《大學》指個真知行與人看，說『如好好色，如惡惡臭』。見好色屬知，好好色屬行。只見那好色時已自好了，不是見了後又立個心去好。聞惡臭屬知，惡惡臭屬行。只聞那惡臭時已自惡了，不是聞了後別立個心去惡。〔註91〕

所謂的「如好好色，如惡惡臭」，在《大學》原文中的整體表述是，「所謂誠其意者，如好好色，如惡惡臭」，這表明這兩句所說的就是誠意。誠意的本意是指履行道德規範時真實無妄、懇切勤謹的心理狀態，就如同人喜歡美色、討厭惡臭一般，是主體不欺騙自己、出自內心的真實情感的真實流露。陽明卻用這兩句話指所謂真知行，在他看來，「一念發動處，便即是行了」〔註92〕，如前所述，此一念發動即是意，在這個意義上，意就等於行，真知行就是誠意。

王陽明提出知行合一，就是在靜坐與事上磨煉之後，為誠意提出另一可行的手段。這一點，明代學人施邦曜早有明確的認識。在評論有關知行合一的論述時候，施邦曜說：

> 可見意之動處即關著天下國家，所謂誠意者，不動而敬，不言而信，就裕篤恭而天下平之，實際如一毫走作，所關於天下國家不小，故君子必慎之於此，所以誠意為《大學》關鍵也。〔註93〕
>
> 識先生好色惡臭之解，於誠意之旨深矣。〔註94〕

〔註89〕李明輝：《從康德的實踐哲學論王陽明的「知行合一」說》，張岱年等著：《中國觀念史》，鄭州：中州古籍出版社，2005 年，頁 522。

〔註90〕李明輝：《從康德的實踐哲學論王陽明的「知行合一」說》，張岱年等著：《中國觀念史》，鄭州：中州古籍出版社，2005 年，頁 522。

〔註91〕《傳習錄》7。

〔註92〕《傳習錄》226。

〔註93〕施邦曜輯評：《陽明先生集要》，北京：中華書局，2008 年，頁 32。

〔註94〕施邦曜輯評：《陽明先生集要》，北京：中華書局，2008 年，頁 32。

可以看出，知行合一最終的目的在於誠意。但是知行合一說，並沒有解決決定行為方式的規範從何而來的問題，缺乏一個明確的標準或者依據，並沒有為誠意、為「存天理、滅人欲」提供一個行為的標準。這不只是知行合一說本身存在的問題，更進一步而言，是王陽明誠意之教的不足。

這一點在王陽明本人即有清楚的認識，從《大學古本序》的前後修訂就能明白的看出。《大學古本序》先後有兩個不同的文本，最初的文本作於1518年，「首尾數百言，並無一言及於致知」〔註95〕，所強調的是「大學之要，誠意而已矣」。此後由於羅欽順認為其失去學問「大頭腦」的批評，王陽明提出了「致良知」之說。這表面，致良知之說是作為誠意說的替代和完善而提出的，溝通二者的就是知行合一的理論。

3.6 知行合一與致良知

關於知行合一與致良知的關係，明代的學者已經有了敏銳的把握。劉宗周指出，「良知為知，見知不囿於聞見；致良知為行，見行不滯於方隅。即知即行，即心即物，即動即靜，即體即用，即工夫即本體，即上即下」〔註96〕知行合一為揭示良知本體做了理論上的準備，重在說明一切活動都是知行的統一，如劉宗周所言，「良知之說，只說得個即心即理，即知即行，更無別法。」〔註97〕可以看出，知行合一是致良知的理論先聲，與致良知之說的提出緊密關聯。

黃宗羲說，「先生致之與事物，致字即是行字，以救空空窮理。」〔註98〕從致良知與知行合一的關係上判定，認為良知是知，致良知是行，致良知即是知行合一。這一看法得到不少學人的認可。嵇文甫在《左派王學》、楊國榮在《王學通論》中都做出論述，肯定知行合一是致良知說的邏輯展開，致良知的具體內容表現為知與行的統一。

從陽明的言論中可以看出，知行合一與致良知二者之間是有密切關聯的，但如前所述，知行合一的命題是王陽明龍場之悟後提出在前，致良知作為明確的表述，則是王陽明晚年時候提出的。知行合一說為致良知說的提出提供了基礎，也可以說，致良知說是知行合一說、也是整個誠意之教發展的

〔註95〕 羅欽順：《困知記》三續。
〔註96〕 《明儒學案・師說》。
〔註97〕 《明儒學案・姚江學案》。
〔註98〕 《明儒學案・姚江學案》。

必然。在致良知說提出以後，知行合一的命題有了更加豐富的內涵。

《傳習錄》載：

> 問：「聖人生知安行是自然的，如何有甚功夫？」先生曰：「知行二字即是功夫，但有淺深難易之殊耳。良知原是精精明明的。如欲孝親，生知安行的只是依此良知，實落盡孝而已；學知利行者只是時時省覺，務要依此良知盡孝而已；至於困知勉行者，蔽錮已深，雖要依此良知去孝，又爲私欲所阻，是以不能，必須加人一己百、人十己千之功，方能依此良知以盡其孝。聖人雖是生知安行，然其心不敢自是，肯做困知勉行的功夫。困知勉行的，卻要思量做生知安行的事，怎生成得！」〔註99〕

> 或疑知行不合一，以「知之匪艱」二句爲問。先生曰：「良知自知，原是容易的。只是不能致那良知，便是『知之匪艱，行之惟艱』。」〔註100〕

致良知命題提出後，知行合一重在說明知行是致良知這一工夫的不同方面：知行合一就是良知本體，良知知是知非，良知所知即知，推致的過程即是行，知善知惡爲良知，爲善去惡是致良知。

三、致良知之教

正如美國思想史家卡爾・貝克所言，如果想要理解一個時代的內在精神，那麼我們就應該尋找某些「其本身固有的詞彙」。理解一個思想家的體系也是如此，如果選擇作爲王陽明思想的「固有的詞彙」的話，「良知」無疑首當其衝。

「除卻良知，還有甚麼說得」〔註101〕良知觀念的提出，充分揭示了人的主體地位，但這一主體不是所謂主客對立意義下的認識主體，而是在天人合一背景下的以實踐爲特徵的德性主體，所突出的是主體與外界之間的聯繫與互動性。正是在這個意義上，我們說，與「良知」經常相伴隨的是「致良知」。在王陽明的學說中，「良知」總是與「致」一起出現的，「良知」單純出現的次數非常少。在王陽明提出的命題中，致良知最能突出其思想的實踐特徵，這也是王

〔註99〕《傳習錄》291。
〔註100〕《傳習錄》320。
〔註101〕《全集》卷6，《寄鄒謙之》三。

陽明對成聖方法作出的最後定論。王陽明說，「某於良知之說，從百死千難中得來，非是容易見得到此。此本是學者究竟話頭，可惜此理淪埋已久。學者苦於聞見蔽障，無入頭處，不得已與人一口說盡。但恐學者得之容易，只把作一種光景玩弄，辜負此知耳。」〔註102〕致良知不是一般的理論或者學說，而是以深厚的生活實踐作爲基礎的，是經歷「百死千難」後才得出的，如果對良知「只把作一種光景玩弄」，不著力體會和實踐，是不能眞正理解這一學說的。

1、學術史的回顧

在關於良知的詮釋上，言人人殊，並沒有取得一致的意見。當代關於陽明「良知」定義的研究，有以下幾種：

1.1 作為知識範疇的良知

容肇祖在《明代思想史》中指出：

> 他（按即王陽明）以爲良知是一切知識的基本，良知之外，不能於知識更有所增加。〔註103〕

容氏並引「良知之外，別無知矣」爲證，確定陽明的良知是指知識而言。關於容肇祖的觀點，勞思光在《新編中國哲學史》中做了評析：

> 容氏此種解釋，與原意相差甚遠。蓋陽明用「良知」一詞，原指價值意識及作價值判斷之能力而言，屬於「道德語言」而非「認知語言」。依陽明自己解釋，即所謂「知善知惡是良知」。「良知」被界定爲「知善知惡」之能力，分明與認知事物或規律之「知」，截然兩事。〔註104〕

勞氏並探求了造成容氏上述認識的原因：

> 容氏之所以犯此錯誤，基本原因當在於容氏自身對「道德語言」與「認知語言」或「事實語言」之分別不甚明白，故見一「知」字，即以爲與通常所謂「知識」是一事。〔註105〕

勞思光的判斷切中肯綮。需要補充的是，容氏此書出版在1941年，當時科學主義在思想界頗爲流行，則確認良知爲知識的判斷，也是有著鮮明的時代烙印了。

〔註102〕《全集》卷41，錢德洪《刻文錄序說》。
〔註103〕容肇祖：《明代思想史》，第四章第三節，上海：開明書店，1941年。
〔註104〕勞思光：《新編中國哲學史》第三卷上，桂林：廣西師範大學出版社，頁310。
〔註105〕勞思光：《新編中國哲學史》第三卷上，桂林：廣西師範大學出版社，頁310。

1.2 作為道德判斷能力的良知

同一書中，勞思光闡述了自己對良知的認識：

> 「四句教」云：「知善知惡是良知，爲善去惡是格物。」此是明
> 白以「知善知惡」之能力爲「良知」。而《大學問》中則云：「良知
> 者，孟子所謂是非之心，人皆有之者也。」此是以「是非之心」說
> 「良知」，特重「良知」能判意念之善惡一點。合而言之，意念行爲
> 之「善惡」，呈現於此心之「良知」能力而成立；正如紅白之色呈現
> 於視覺能力而成立。如此，則所謂「良知」，只對「善惡」一對價值
> 意義之屬性發用，而與通常認知事物之經驗屬性或規律之能力全不
> 相同。由此，「良知」是一切價值判斷之根源，故陽明又依此意屢說
> 「天理」與「良知」不二。蓋陽明用「天理」一詞，亦指未分化之
> 價值規範自身而言。「良知」是見「天理」之能力，而「天理」即「良
> 知」所照見之規範也。〔註106〕

勞氏的詮釋，突出了良知作爲道德判斷能力的一面，良知是知善知惡的能力，
只指價值意識及作價值判斷之能力而言，是一切價值判斷之根源。持類似觀
點的還有馮友蘭〔註107〕、張君勱〔註108〕。這一詮釋，把良知作爲表示「能力
意義的詞語」，但是忽略了良知作爲本體的一面。實際上，良知同時具有存有
的意義，在王陽明關於良知的論述中，良知的本體意義構成了其內涵的一個
重要的方面。

1.3 作為本體範疇的良知

方爾加在《關於陽明心學的研究方法》中指出：

> 「良知」是非理性的自我，類似於西方非理性哲學的本體，如
> 柏格森的「生命之流」、叔本華的「意志」、薩特的「存在」，其爲實
> 有，但在自我意識中流動不息，無固定形態，表達方式爲非符號化。
> 由此，每個人知曉「良知」的最佳途徑是求諸自身。陽明吸收禪宗
> 的「佛向性中作，莫向身外求」（《壇經·疑問品第三》），強調「良
> 知」求諸自心。每人的內心都是保有自己個別性的根基。「良知」就

〔註106〕勞思光：《新編中國哲學史》第三卷上，桂林：廣西師範大學出版社，頁315
　　　～316。
〔註107〕見馮友蘭：《中國哲學史新編》之《陸王心學的興起》章，馮氏更強調了這一
　　　判斷是一種直覺反應，不是經過思考而得到的。
〔註108〕見張君勱：《王陽明》，在該書英文版中，良知被翻譯爲「intuitive knowledge」。

是立足於根基的個別性之知。〔註109〕

方氏的詮釋，把握到了良知作爲本體的一面，良知無固定形態，不能對象化，並強調了良知個別性的一面，指出了陽明良知說的禪宗淵源，對進一步探究良知，無疑具有指導意義。但是同時應該看到，良知是具有濃厚道德色彩的本體，但這並不表示它必然是非理性的。良知既是理性，又是非理性。換言之，良知作爲本體，無所謂理性與非理性，恰恰是本體構成了理性與非理性區分的基礎。

1.4 作爲理性意識的良知

從意識活動的層面探究良知的內涵，這方面的以張再林爲代表，張氏認爲陽明通過對「意」之於認識論的中心地位的闡揚和透顯，復返了古代的「良知論」的認識論傳統。陽明關於的「意」理論類似於胡塞爾的「意向性」理論，在「意」的統攝下，心與物「一氣流通」，成爲難以間隔的整體。張氏突出「良知」在「心之所發」狀況即「意」時的意義，此時的「物」成爲「爲我之物」，「使『物』作爲『被從事之物』而使其內含的行爲性、動作性特徵進一步得以凸現，從而使王學從中最終得出了『良知是造化的精靈』這一鮮明的『構成論』的觀點，……導致了王學對一種極爲成熟的『知行合一』命題的發現。」〔註110〕

張氏的研究從認識論的角度切入，突出了「意」與「物」、也即「良知」與「物」相互作用的一面，並力圖以「意」爲線索貫穿起「良知」「知行合一」等諸多命題。考察陽明的爲學經歷可以看出，突出「誠意」的地位，只能代表陽明江西以前也就是他前期的學術宗旨，經歷宸濠、忠泰之變後，王陽明的學術宗旨是倡導「致良知」，對比王陽明《大學古本序》前後兩個版本就可以確認這一事實，張氏這種以「誠意」貫穿始終的研究思路正有可以商議之處，所得出的良知是理性意識的結論並不符合陽明思想實際。

1.5 作爲意志和理智統一體的良知

張學智認爲良知有天賦的「好善惡惡」的趨勢，「良知」是天理之昭明靈覺，是一種先驗的存有的道德意識，先有「不容已」的好善惡惡的情感（意志），才有「知善知惡」的現實判斷（理智）的發生。同時，張氏認爲陽明對「良知」

〔註109〕方爾加：《關於陽明心學的研究方法》，載《中國哲學史》，2003 年第 2 期。
〔註110〕張再林：《胡塞爾的意向性理論與王陽明的『意』的學說》，載《青海社會科學》1997 年第 4 期。

的判斷方式，前後有不同的分別，提出「致良知」以前，以分析、推理、證明等理智的形式爲主；後期「良知」則表現爲「當下的直覺」，「有一種迅捷、直接的優越性，不是對每一事都進行理性的思考、安排、綜合」〔註111〕

　　運用西方的哲學語言研究中國哲學，這種方法能夠克服傳統中國哲學語言固有的一些不足，更好更明晰地把握其意義和思路，有助於推動中國哲學現代化。從意志與理智的角度切入，分析良知概念的內涵，就是這樣一種途徑。眾所周知，柏拉圖最早把人的心靈劃分爲理性、意志、情感三個部分。此後，遂成西方哲學的正統見解。儘管在三者的排序上，不同的哲學家有各自強調的重點，但是知情意三分的模式卻是固定的。張氏的分析，強調了良知意志和理智的方面，卻忽視了良知的感情色彩。實際上，重視血緣、強調道德感情是儒家哲學的重要特色，在王陽明這裡也不例外，著名的陽明洞之悟就是一個例證。

　　以上幾種對於良知的見解，都是在西方學術傳入的情況下，自覺地以現代學術眼光整理詮釋傳統學術的產物。對於良知的詮釋，既與其對西學的瞭解有關，也與對傳統學術的把握有關。從目前關於良知研究的成果來看，都強調了良知與道德的關係，注意釐清道德與知識的關係，並指出了良知的層次性和良知在陽明學說中的階段性，爲進一步研究良知，提供了堅實的基礎。

　　王陽明自己講，「某平日亦每有傲視行輩、輕忽世故之心，後雖稍知懲創，亦惟支持抵塞於外而已。及謫貴州三年，百難備嘗，然後能有所見，始信孟氏『生於憂患』之言非欺我也。」〔註112〕只有親身經歷親身體驗，才能深刻掌握學問的精髓從而引起行爲上的變化。即以孟子「生於憂患」的教導而言，王陽明過去也讀過，但沒有經歷過這種艱難困苦的環境，無法理解，甚至懷疑孟子是在「欺我」，及至謫居龍場，備嘗艱難困苦，這才領會了孟子的精神。龍場之後，王陽明重視行對於知的作用，「古人言語俱是自家經歷過來，所以說得親切，遺之後世，曲當人情：若非自家經過，如何得他許多苦心處。」〔註113〕

　　瞭解王陽明說的「致良知」，也需要聯繫他所說的「百死千難」。這裡所謂的磨難，主要指的是晚年平定宸濠叛亂後所遭遇的險境。1520 年王陽明平定朱宸濠叛亂後，一些嫉恨他戰功的佞倖對他百般刁難誣陷。在這種險惡的

〔註111〕張學智：《明代哲學史》，北京：北京大學出版社，2000 年，頁 73。
〔註112〕《全集》卷 4《與王純甫》。
〔註113〕《傳習錄》296。

政治生態下，王陽明動心忍性，最終化險爲夷安然度過困境，其中的原因在於致良知學說的提出。王陽明說，「近來信得致良知三字，眞聖門正法眼藏。往年尚疑未盡，今自多事以來，只此良知無不具足。譬之操舟得舵，平瀾淺瀨，無不如意，雖遇顛風逆浪，舵柄在手，可免沒溺之患矣。」〔註114〕他自己也肯定說，「吾良知二字，自龍場以後，便已不出此意。只是點此字不出，與學者言，費卻多少辭說。今幸見此意，一語之下，洞見全體，眞是痛快。」〔註115〕錢德洪說，王陽明「學靜入於陽明洞，得悟於龍場，大徹於征寧藩，多難殷憂，動忍增益，學益徹則立教益簡易。」〔註116〕

下面我們就從良知的來源、良知的特點、良知與其他範疇的關聯等幾個方面著手討論這一問題。

2、王陽明的致良知說

2.1 良知的思想淵源

良知的觀念出於孟子。太虛法師說，「良知一名，本於孟子；但孟子良知、良能並稱，王子則總握其樞紐於良知，而良能即攝於良知之內，故即知即行，徹裏徹表。」〔註117〕。對孟子的良知良能與陽明良知概念之間的關係，有準確的把握。

孟子說，「人之所不學而能者，其良能也；所不慮而知者，其良知也。孩提之童，無不知愛其親者；及其長也，無不知敬其兄也。親親，仁也；敬長，義也；無他，達至天下也」〔註118〕一個人很小的時候就知道愛父母，長大後也知道敬重兄長，而且這種現象是具有普遍性的，這說明這些品質並非後天學習所得。孟子把這種人天生就存在的倫理本能稱爲良知，良知是人先天具有的道德意識與道德情感。「不學」表示其先天性，「不慮」表示其直覺性，無需思考，「達至天下」表示其普遍性和必然性，這是孟子性善說的基礎。

孟子提出了「四端」說：「惻隱之心，仁之端也；羞惡之心，義之端也；辭讓之心，禮之端也；是非之心，智之端也。」〔註119〕「仁義禮智皆根於心」〔註

〔註114〕《年譜》十有六年辛巳條。
〔註115〕錢德洪：《刻文錄序說》，《王陽明全集》卷29。
〔註116〕錢德洪：《刻文錄序說》，《王陽明全集》卷29。
〔註117〕太虛：《論王陽明》。
〔註118〕《孟子·盡心上》。
〔註119〕《孟子·公孫丑上》。
〔註120〕《孟子·盡心上》。

120〕，此「心」也就是「良知」，「良知」之發揚即可「盡心知性知天」〔註121〕。

對四端的存在，孟子從惻隱之心入手來證明。孟子說：

> 所以謂人皆有不忍人之心者：今人乍見孺子將入於井，皆有怵
> 惕惻隱之心；非所以內交於孺子之父母也，非所以要譽於鄉黨朋友
> 也，非惡其聲而然也。〔註122〕

在「乍見孺子將入於井」的情況下，「惻隱之心」的呈現是一個自動的過程，並不是出於功利聲譽的考慮，這一刻，存在通過我行動起來。這是人心在具體環境下的直接裸露，這就是人與生俱來的「本心」。其餘的「羞惡之心」、「辭讓之心」、「是非之心」也是同一「本心」在具體環境下的直接呈現。所以，孟子並未接著論證其餘「三心」的與生俱來，只是強調「惻隱之心」與此三者一起成為仁義禮智之四端，該四端與人之四體一樣，都是天賦，也就是所謂的「良知」「良能」。

焦循把孟子的「良知」「良能」視為二物，良知為所有人所具有，良能則唯「生知安行者」（聖人）具備，他解釋《孟子‧盡心上》關於良知良能的論述時說：

> 孟子言良能為不學而能，良知為不慮而知。其言「孩提之童無
> 不知愛其親」，則不言無不能愛其親也；其言「及其長也，無不知敬
> 其兄」，則不言吾不能敬其兄也。蓋不慮而知，性之善也，人人所然
> 也。不學而能，唯生知安行者有之，不可概之人人。知愛其親，性
> 之仁也，而不可謂能仁也。知敬其兄，性之義也，而不可謂能義也。
> 曰親親，則能愛其親矣，仁矣，故曰「親親，仁也」。曰敬長，則能
> 敬其兄矣，義矣，故曰「敬長，義矣」。何以由知而能也？何以由無
> 不知而吾不能也？無他，有達之者也。聖人通神明之德，類萬物之
> 情，達至天下也。〔註123〕

由於孟子只說「孩提之童，無不知愛其親者；及其長也，無不知敬其兄也」，並沒有說「孩提之童，無不能愛其親者；及其長也，無不能敬其兄也。」焦循據此認為，唯獨聖人能同時具備「良知」與「良能」，普通人在「能知」與「能行」之間存在的距離，需要依賴聖人的教化。

〔註121〕《孟子‧盡心上》。
〔註122〕《孟子‧公孫丑上》。
〔註123〕焦循：《孟子正義‧盡心上》，北京：中華書局，1987年。

　　李明輝對焦循的這一觀點進行了批判。他認爲，孟子原文並沒有提到聖人，焦循講「不學而能，唯生知安行者有之，不可概之人人」，明顯的與孟子「人之所不學而能者，其良能也」的判斷矛盾，孟子講「無他，達至天下也」，正是突出了親親敬長的普遍性。焦循誤解這句話，主要在於他不知「良知」即是「良能」，趙岐《孟子注》早已明確，「不學而能，性所自能。良，甚也。是人之所能甚也。知亦猶是能也」。「『親親，敬長』之心即是孟子所謂的『本心』，就其爲道德之『判斷原則』（principium dijudicationis）而言，謂之『良知』，就其爲道德之『踐履原則』（principium executionis）而言，謂之『良能』。故『良知』即涵著『良能』，但說『無不知』，即已涵『無不能』之義。」〔註124〕

　　焦循之所以在良知與良能、聖人與凡人之間做出這樣的區別，把道德的判斷原則與踐履原則割裂開了，實際上在孟子對此有明確的認識，作爲判斷原則的良知與作爲踐履原則的良能，二者之間有著密切的關聯。具體到道德領域，二者是二而一、一而二的。《孟子·梁惠王》裏記載的孟子與齊宣王之間的對話，就強調了這一層意思。就道德而言，判斷原則本身就包含了踐履的要求，「良知本身即涵有自求實現的力量；就此而言，良知就是良能」〔註125〕。

　　在孟子提出「良知良能」概念之後的很長時間，儒家思想雖然有很大發展，但沒有人專門講這一思想。北宋時期，張載只是提及「良知」概念，指出「誠明所知乃天德良知，非聞見小知而已」〔註126〕，將「良知」視爲先天爲善的「德性之知」，也未作進一步的深入探討。到了明代，王陽明才開始正視孟子所提出的「良知」概念，並通過知行合一、致良知等命題，給了極大的豐富和發展。

2.2 良知的內涵

　　王陽明繼承了孟子的性善說，但是陽明這裡的良知較之孟子的良知處於更高的層次。較之於孟子，王陽明更強調心的理性認識的一面，所以孟子間或一用的「良知」，卻成爲王陽明哲學的核心觀念，陽明說：

　　　　孟子「性善」，是從本原上說。然性善之端須在氣上始見得，若
　　　無氣亦無可見矣。惻隱、羞惡、辭讓、是非即是氣，程子謂「論性

〔註124〕李明輝：《從康德的實踐哲學論王陽明的「知行合一」說》，張岱年等著：《中國觀念史》，鄭州：中州古籍出版社，2005年，頁509。

〔註125〕李明輝：《從康德的實踐哲學論王陽明的「知行合一」說》，張岱年等著：《中國觀念史》，鄭州：中州古籍出版社，2005年，頁510。

〔註126〕《張載集》，頁20。

> 不論氣，不備；論氣不論性，不明」，亦是爲學者各認一邊，只得如
> 此說。若見得自性明白時，氣即是性，性即是氣，原無性氣之可分
> 也。〔註127〕

陽明認爲，孟子的性善是從本原上說，而四端是就氣上論，性善是性，四端是氣，雖然性善需要通過四端表現出來，在「得自性明白」的情況下能夠認定「氣即是性，性即是氣」：

> 良知只是個是非之心，是非只是個好惡，只好惡就盡了是非，
> 只是非就盡了萬事萬變。〔註128〕

在這裡，陽明將孟子所說的「是非之心」、「羞惡之心」合二爲一，統一歸結爲良知。其原因在於，孟子所說的「是非」，乃是道德上的是非。道德上的是非表現在好惡上，就是好善惡惡。所以是非與好惡是一個意思。在陽明看來，好善惡惡是良知天然具有的功能，「心自然會知，見父親自然知孝，」「見孺子入井自然知惻隱，此便是良知」。在另一處，陽明說，「蓋良知只是一個天理自然明覺發見處，只是一個眞誠惻怛，便是他本體」〔註129〕，這裡所說的惻怛就是惻隱之心，眞誠就是辭讓之心，這樣孟子的四心，就被陽明一起收攝到了「良知」的名下。

　　宋儒在四端中特別強調「惻隱之心」，陽明則認爲四端在某種程度上可以歸結爲「是非之心」，從而特別強調良知作爲道德判斷標準的意義。

> 蓋良知只是一個天理自然明覺發見處，只是一個眞誠惻怛，便
> 是他本體。故致此良知之眞誠惻怛以事親便是孝；致此良知之眞誠
> 惻怛以從兄便是弟；致此良知之眞誠惻怛以事君便是忠。只是一個
> 良知，一個眞誠惻怛。〔註130〕

不僅如此，陽明說，「性無不善，故知無不良」〔註131〕良知是至善的，具有絕對的價值。在這一點上，良知類似於康德的善良意志（good will），是無條件的善，其爲善不是爲了某種結果。

　　另一方面，天道性命相貫通，良知由道德倫理意義更進一步，具有本體論的含義：

〔註127〕《傳習錄》150。
〔註128〕《傳習錄》288。
〔註129〕《傳習錄》189。
〔註130〕《傳習錄》189。
〔註131〕《傳習錄》155。

> 良知是造化的精靈。這些精靈，生天生地，成鬼成帝，皆從此出，真是與物無對。〔註132〕

良知「生天生地」，「成鬼成帝」，具有創生意義，另一方面，良知也是天地鬼神的主宰：

> 可知充天塞地中間，只有這個靈明，人只為形體自間隔了。我的靈明，便是天地鬼神的主宰。天沒有我的靈明，誰去仰他高？地沒有我的靈明，誰去俯他深？鬼神沒有我的靈明，誰去辨他吉凶災祥？天地鬼神萬物離去我的靈明，便沒有天地鬼神萬物了。我的靈明離卻天地鬼神萬物，亦沒有我的靈明。如此，便是一氣流通的，如何與他間隔得！〔註133〕

2.3 良知的特點

2.3.1 良知的自律性

　　良知的第一個的特點就是自律。所謂自律，就是理性與意志所擁有的自己給自己立法的權利。與自律相對應的他律，是從外部把規範或者權威強加於人，在服從道德律令時候，他律是出於外部的要求而服從這樣一些法則，而自律則是將道德法則轉化為一般法則，這些一般法則能夠經受理性的檢驗，可以變成普遍的、合乎理性的行為，從而成為令人信服的原則或者信條。

　　良知自律的特點首先表現在對待經書和聖人的態度上。在如何評價孔子的問題上，王陽明充分了運用理性的標準：

> 夫學貴得之心，求之於心而非也，雖其言之出於孔子，不敢以為是也，而況其未及孔子者乎？求之於心而是也，雖其言之出於庸常，不敢以為非也，而況其出於孔子者乎？〔註134〕

不以孔子之是非為是非，強調的是「求之於心」，求之於自己的良知，運用自己的理性對所謂是非進行批判，再決定孰是孰非。「心之良知是謂聖」，這裡，心之良知已經取代聖人，成為最高和最後的評價標準了。任何外在的權威，都必須經過良知的檢驗和認定。

　　同樣，在如何對待經典上，王陽明也強調要充分運用自身的理性：

> 夫舜之不告而娶，豈舜之前已有不告而娶者為之準則，故舜得

〔註132〕《傳習錄》261。
〔註133〕《傳習錄》366。
〔註134〕《傳習錄》173。

　　以考之何典，問諸何人而爲此邪？抑亦求諸其心一念之良知，權輕
　　重之宜，不得已而爲此邪？武之不葬而興師，豈武之前已有不葬而
　　興師者爲之準則，故武得以考之何典，問諸何人而爲此邪？抑亦求諸
　　諸其心一念之良知，權輕重之宜，不得已而爲此邪？〔註135〕

眞正合乎禮儀的行爲不是出於經典的啓示，而是由自己憑藉理性和社會經
驗，結合具體的環境，獨立地得出。由此出發，王陽明對聖人做出了新的解
釋。舜和武王之所以被稱爲聖人，就是因爲他們能夠針對具體的事實，能「求
諸其心一念之良知，權輕重之宜」而採取適宜的措施。「心之良知是謂聖。聖
人之學，惟是致此良知而已。」〔註136〕在這個意義上，聖人就是能夠自律的
人，是自己爲自己立法的人。由此，聖人和經書的權威不再是建立在迷信的
基礎上，也不能夠僅僅從外部強加於人了。權威所依靠的，是其在理性上的
說服力。

　　但是自律並不意味著「爲所欲爲」，那樣就表示使自身屈從於純粹個別
的、偶然的東西。相反，只有當個人的良知、個人的理性與意志符合普遍法
則的時候，才可以稱爲自律：

　　　　使舜之心而非誠於爲無後，武之心而非誠於爲救民，則其不告
　　而娶與不葬而興師，乃不孝不忠之大者。而後之人不務致其良知，
　　以精察義理於此心感應酬酢之間，顧欲懸空討論此等變常之事，執
　　之以爲制事之本，以求臨事之無失，其亦遠矣！其餘數端，皆可類
　　推，則古人致知之學，從可知矣。〔註137〕

2.3.2 良知的個體性

　　與天理不同，良知表現出強烈的主體性，具有明顯的個體色彩。陽明詠
詩點化「良知」：「無聲無臭獨知時，此是乾坤萬有基。拋卻自家無盡藏，沿
門持鉢效貧兒」〔註138〕。「良知即是獨知時，此知之外更無知。誰人不有良知
在，知得良知卻是誰？知得良知卻是誰，自家痛癢自家知。若將痛癢從人問，
痛癢何須更問爲？」〔註139〕

　　「良知」是「獨知」，也就是說，如果脫離個體之維，「良知」便無從知

〔註135〕《傳習錄》139。
〔註136〕《全集》卷8，《書魏師孟卷》。
〔註137〕《傳習錄》139。
〔註138〕《全集》卷20，《詠良知四首示諸生》。
〔註139〕《全集》卷20，《答人問良知二首》。

曉。個體的角度是尋找「良知」的門徑,「人雖不知而己所獨知者,此正是吾心良知處。」〔註140〕經書或者師長,任何外在的權威都不能給人以「良知」之念,任何人都天然具有的良知,只有靠自我激發。

良知雖然人人同有,人人良知的表現卻不一樣:

> 聖人之知如青天之日,賢人如浮雲天日,愚人如陰霾天日,雖有昏明不同,其能辨黑白則一。雖昏黑夜裏,亦影影見得黑白,就是日之餘光未盡處;困學功夫,亦只從這點明處精察去耳。〔註141〕

> 先生曰:「……嬰兒在母腹時,只是純氣,有何知識?出胎後方始能啼,既而後能笑,又既而後能認識其父母兄弟,又既而後能立、能行、能持、能負,卒乃天下之事無不可能。皆是精氣日足,則筋力日強,聰明日開,不是出胎日便講求推尋得來,故須有個本原。聖人到位天地,育萬物,也只從喜怒哀樂未發之中上養來。後儒不明格物之說,見聖人無不知、無不能,便欲於初下手時講求得盡,豈有此理?」又曰:「立志用功,如種樹然。方其根芽,猶未有幹,及其有幹,尚未有枝;枝而後葉,葉而後花實。初種根時,只管栽培灌溉,勿作枝想,勿作葉想,勿作花想,勿作實想,懸想何益?但不忘栽培之功,怕沒有枝葉花實?」〔註142〕

陽明在嵇山書院講《大學》,「只發《大學》萬物同體之旨,使人各求本性,致極良知,以止於至善;功夫有得,則因方設教」〔註143〕。陽明的做法是讓每個人訴至自己的內心,激發自己本有的良知,而並非由他本人賦予學生以「良知」。即便以陽明本人經歷來說,從龍場悟道到後來的宸濠之變,每次都是自己動心忍性,激發出內在的「良知」。

在談到歷史人物的權變之時,陽明同樣堅持了這一原則,良知並沒有一定的準則,需要每個人根據情況因時制宜:

> 夫舜之不告而娶,豈舜之前已有不告而娶者為之準則,故舜得以考之何典,問諸何人,而為此邪?抑亦求諸其心一念之良知,權輕重之宜,不得已而為此邪?武之不葬而興師,豈武之前已有不葬

〔註140〕《傳習錄》317。
〔註141〕《傳習錄》289。
〔註142〕《傳習錄》30。
〔註143〕《年譜》嘉靖三年甲申條。

而興師者爲之準則，故武得以考之何典，問諸何人，而爲此邪？抑亦求諸其心，念之良知，權輕重之宜，不得已而爲此邪？使舜之心而非誠於爲無後，武之心而非誠於爲救民，則其不告而娶與不葬而興師，乃不孝不忠之大者。而後之人不務致其良知，以精察義理於此心感應酬酢之間，顧欲懸空討論此等變常之事，執之以爲制事之本，以求臨事之無失，其亦遠矣！〔註144〕

2.3.3 良知的天賦性

朱熹提供的格物致知的路徑，在事物中尋找理，存在一個弊病：如果理在物中，物的消失是不是必然帶來理的消失呢？以孝爲例，「假而果在於親之身，則親沒之後，吾心遂無孝之理歟？」〔註145〕理存在於對象，則理的存在就不是永恒的了。

在這種情況下，王陽明提出理在心中，以此保證了理的永恒性。這先驗的理，就是良知。王陽明說，「夫良知者，即所謂是非之心，人皆有之，不待學而有，不待慮而得者也」〔註146〕「吾心之良知，即所謂天理也」〔註147〕「良知是天理之昭明靈覺處。故良知即是天理」〔註148〕，良知即是天理，是先驗的、天賦的天理。

陽明曾說，「聖人亦是學知，眾人亦是生知」，把本體與工夫巧妙的結合在一起。一方面，任何人天賦都具有良知，另一方面，即便是聖人也需要做工夫以保全擴充此良知：

> 先生曰：「聖人亦是『學知』，眾人亦是『生知』。」問曰：「何如？」曰：「這良知人人皆有，聖人只是保全，無些障蔽，兢兢業業，亹亹翼翼，自然不息，便也是學，只是生的分數多，所以謂之『生知安行』。眾人自孩提之童，莫不完具此知，只是障蔽多，然本體之知自難泯息，雖問學克治也只憑他，只是學的分數多，所以謂之『學知利行』。」〔註149〕

良知生而有之，無間於聖凡，也就是說，良知是必然存在的。這裡所謂的必

〔註144〕《傳習錄》139。
〔註145〕《傳習錄》135。
〔註146〕《全書》卷26，《大學問》。
〔註147〕《傳習錄》135。
〔註148〕《傳習錄》169。
〔註149〕《傳習錄》221。

然，並非是邏輯必然，而是一種事實必然。所謂邏輯必然所表述的是這樣一個概念：這個存在不具有某種屬性在邏輯上是不可能的，但存在命題不可能是邏輯必然的，存在不是一個謂詞。良知作爲一個體驗到的實體，其存在是事實性的，而不是依靠邏輯推演而來的。20 世紀初葉，熊十力在與馮友蘭交談時曾提出一個命題：良知是呈現，對於當時的情況，牟宗三記載道：「三十年前，當吾在北大時，一日熊先生與馮友蘭氏談，馮氏謂王陽明所講的良知是一個假設，熊先生聽之，即大爲驚訝說：『良知是呈現，你怎麼說是假設！』吾當時在旁靜聽，知馮氏之語底根據是康德，而聞熊先生言，則大爲震動，耳目一新。」〔註150〕「良知是眞實，是呈現，這在當時，是從所未聞的。」〔註151〕。在陽明這裡，對於良知的必然存在，就是通過體驗的方式予以肯認的：

> 問：「通乎晝夜之道而知。」先生曰：「良知原是知晝知夜的。」又問：「人睡熟時，良知亦不知了。」曰：「不知何以一叫便應？」曰：「良知常知，如何有睡熟時？」曰：「向晦宴息，此亦造化常理。夜來天地混沌，形色俱泯，人亦耳目無所睹聞，眾竅俱翕，此即良知收斂凝一時。天地既開，庶物露生，人亦耳目有所睹聞，眾竅俱闢，此即良知妙用發生時。可見人心與天地一體，故『上下與天地同流』。今人不會宴息，夜來不是昏睡，即是忘思魘寐。」曰：「睡時功夫如何用？」先生曰：「知晝即知夜矣。日間良知是順應無滯的，夜間良知即是收斂凝一的，有夢即先兆。」〔註152〕

良知必然存在，知晝知夜，即便是昏睡中的人，其良知的發用也是時刻沒有停息的。即便是盜賊，也有不可泯滅的良知：

> 良知在人，隨你如何，不能泯滅，雖盜賊亦自知不當爲盜，喚他做賊，他還忸怩。〔註153〕

2.3.4 良知的過程性

良知並非是現成在手的東西，良知本質上是一種成爲的過程，這是良知與其他存在的根本不同。良知是人先天具有的，人人生而有，但這種有只是

〔註150〕牟宗三：《心體與性體》，上海：上海古籍出版社，1999 年，頁 153。
〔註151〕牟宗三：《生命的學問》，桂林：廣西師範大學出版社，2005 年，頁 108。
〔註152〕《傳習錄》267。
〔註153〕《傳習錄》207。

一種結構上的有。良知是一個間接性的不斷超越自我的過程，而不是一個直接呈現而終身受用的寶庫。對良知來說，過程性就是它的存在方式，它沒有能夠被概念規定的本性。

相對於朱熹所說的天理，良知沒有一個「豁然貫通」的時候，即便是在聖人那裡，良知也是表現為一種自我超越的動態的張力：

> 人孰無根？良知即是天植靈根，自生生不息；但著了私累，把此根戕賊蔽塞，不得發生耳。〔註154〕

> 「義理無定在，無窮盡。吾與子言，不可以少有所得而遂謂止此也。再言之，十年、二十年、五十年未有止也。」他日又曰：「聖如堯、舜，然堯、舜之上，善無盡；惡如桀、紂，然桀、紂之下，惡無盡。使桀、紂未死，惡寧止此乎？使善有盡時，文王何以『望道而未之見』」？〔註155〕

如何化這種結構上的有為一種實存的有，關鍵在於後天的工夫。良知的實現需要借助於主體與外物接觸、在具體的時空環境下實現：

> 知是心之本體，心自然會知。見父自然知孝，見兄自然知弟，見孺子入井自然知惻隱，此便是良知，不假外求。若良知之發，更無私意障礙，即所謂「充其惻隱之心，而仁不可勝用矣」。然在常人不能無私意障礙，所以須用致知格物之功。勝私復理，即心之良知更無障礙，得以充塞流行，便是致其知，知致則意誠。〔註156〕

良知就是在面對具體情況時的發用，信得良知，可以應付萬變。正是在這個意義上，可以說良知就是中，就是易，具有過程性：

> 問：「孟子言『執中無權猶執一』。先生曰：「中只有天理，只是易，隨時變易，如何執得？須是因時制宜，難預先定一個規矩在。如後世儒者要將道理一一說得無罅漏，立定個格式，此正是執一。」
> 〔註157〕

良知具有過程性，所以王陽明反對朱熹拘泥於經典章句，更反對以章句或者聖人來壓制人。他說，「夫學貴得之心。求之於心而非也，雖其言之出於孔子，

〔註154〕《傳習錄》244。
〔註155〕《傳習錄》22。
〔註156〕《傳習錄》8。
〔註157〕《傳習錄》52。

不敢以爲是也，而況其未及孔子者乎！求之於心而是也，雖其言之出於庸常，不敢以爲非也，而況其出於孔子乎！」〔註158〕

　　良知的過程性就是通過隨時性體現出來的。這種隨時發用，雖然表現爲一節之知，但確是全面之知的表現：

> 心之本體無所不該，原是一個天，只爲私欲障礙，則天之本體失了。心之理無窮盡，原是一個淵，只爲私欲窒塞則淵之本體失了。如今念念致良知，將此障礙窒塞一齊去盡，則本體已復……比如面前見天，是昭昭之天；四外見天，也只是昭昭之天。只爲許多房子牆壁遮蔽，便不見天之全體，若撤去房子牆壁，總是一個天矣。不可道眼前天是昭昭之天，外面又不是昭昭之天也。於此便見一節之知即全體之知，全體之知，即一節之知：總是一個本體。〔註159〕

這裡陽明的論證方式，用的就是華嚴宗所說的事事無礙，把現象世界和本體世界連接起來，體現了體用不二的特性。全體之知不是一個固定的、既成的存在，它沒有固定的特性，正是在一節之知的展現過程中，才表現出了全體之知。反過來說，每一個一節之知，都是全體之知的體現。如同天一樣，眼前天與外面天都是同一個昭昭之天，不能因爲房子牆壁的遮蔽，就認爲眼前之天與天之本體隔離了，兩者是同一個實在的不同表現。就是在這個意義上，王陽明說「一節之知，即全體之知；全體之知，即一節之知：總是一個本體」。

2.3.5 良知與天理、氣的關係

良知與天理

　　良知即是天理。在孟子那裡，良知本是一種先驗的道德觀念，是指惻隱之心、羞惡之心、辭讓之心、是非之心，而王陽明對此則作了本體論上的發揮，以爲吾心之良知，即所謂天理。把先驗的道德良知視爲代表世界本原的天理，因而良知便成爲人人心中不假外求的道德本原。在王陽明看來，良知是是非之心、好惡之心，是判斷是非的唯一標準；良知人人俱在，自聖人以至愚人，無不相同；人人同具良知，人人有個判斷是非善惡的自家標準。因此，他強調，良知就是人人所具有的心之本體，它先驗地存在於人們的心中，人們依良知而行便會產生正確的道德行爲，故而無需向外尋求道德行爲的來源。

〔註158〕《傳習錄》173。
〔註159〕《傳習錄》222。

在王陽明看來，良知天理在人們的心中，天理的昭明靈覺就是人心之虛明靈覺。通過它，人們便能很自然地感覺或判斷出人的行為的善惡是非，從而推動良知的實現，使它充分發揮自己的機能，以善念支配人的道德行為的過程，此即致良知的功夫。由此可見，王陽明的致良知的學說，充分強調了良知在道德修養中去惡為善的主觀能動作用，並使之成為支配人的道德行為的精神本體。

良知與氣

秦家懿在《王陽明》中指出，陽明不多講宇宙論，但不是不講宇宙論。針對周敦頤《太極圖說》中的「靜極生動」說，王陽明批評說：

> 陰陽一氣也，一氣屈伸而為陰陽；動靜一理也，一理隱顯而為動靜。春夏可以為陽為動，而未嘗無陰與靜也；秋冬可以為陰為靜，而未嘗無陽與動也。春夏此不息，秋冬此不息，皆可謂之陽、謂之動也；春夏此常體，秋冬此常體，皆可謂之陰、謂之靜也。自元會運、世、歲、月、日、時，以至刻、秒、忽、微，莫不皆然，所謂動靜無端，陰陽無始，在知道者默而識之，非可以言語窮也。若只牽文泥句，比擬仿像，則所謂心從法華轉，非是轉法華矣。〔註160〕

在王陽明看來，

> 先生曰：「仙家說到虛，聖人豈能虛上加得一毫實？佛氏說到無，聖人豈能無上加得一毫有？但仙家說虛，從養生上來，佛氏說無，從出離生死苦海上來，卻於本體上加卻這些子意思在，便不是他虛無的本色了，便於本體有障礙。聖人只是還他良知的本色，更不著些子意在。良知之虛，便是天之太虛，良知之無，便是太虛之無形。日、月、風、雷、山、川、民、物，凡有貌象形色，皆在太虛無形中發用流行，未嘗作得天的障礙。聖人只是順其良知之發用，天地萬物，俱在我良知的發用流行中，何嘗又有一物超於良知之外，能作得障礙？」〔註161〕

陽明認為人為天地之心，又認心為靈明：

> 問：「人心與物同體，如吾身原是血氣流通的，所以謂之同體：若於人便異體了，禽獸草木益遠矣。而何謂之同體？」先生曰：「你

〔註160〕《傳習錄》157。
〔註161〕《傳習錄》269。

> 只在感應之幾上看：豈但禽獸草木，雖天地也與我同體的，鬼神也
> 與我同體的。」請問。先生曰：「你看這個天地中間，甚麼是天地的
> 心？」對曰：「嘗聞人是天地的心。」曰：「人又甚麼叫做心？」對
> 曰：「只是一個靈明。」「可知充天塞地中間，只有這個靈明。人只
> 為形體自間隔了。我的靈明，便是天地鬼神的主宰。天沒有我的靈
> 明，誰去仰他高？地沒有我的靈明，誰去俯他深？鬼神沒有我的靈
> 明，誰去辯他吉凶災祥？天地鬼神萬物，離卻我的靈明，便沒有天
> 地鬼神萬物了；我的靈明，離卻天地鬼神萬物，亦沒有我的靈明。
> 如此，便是一氣流通的，如何與他間隔得？」又問：「天地鬼神萬物，
> 千古見在，何沒了我的靈明，便俱無了？」曰：「今看死的人，他這
> 些精靈遊散了，他的天地萬物尚在何處？」〔註162〕

在陽明思想中，自然包括宇宙自然和良知自然。宇宙自然就是「時雨春風，
沾被卉木，莫不萌動發越，自然日長月化」〔註163〕，這種自然的含義與「天」
的含義相關。良知自然與道德意識活動相關，即「只是致他那一念事親、從
兄真誠惻怛的良知，即自然無不是道」〔註164〕，這個自然是與天理相關的形
而上意義的自然。

> 問：「知譬日，欲譬雲，雲雖能蔽日，亦是天之一氣合有的，欲
> 亦莫非人心合有否？」先生曰：「喜、怒、哀、懼、愛、惡、欲，謂
> 之七情，七者俱是人心合有的：但要認得良知明白。比如日光，亦
> 不可指著方所，一隙通明，皆是日光所在：雖雲霧四塞：太虛中色
> 象可辨，亦是日光不滅處：不可以雲能蔽日，教天不要生雲。七情
> 順其自然之流行，皆是良知之用，不可分別善惡；但不可有所著。
> 七情有著，俱謂之欲，俱為良知之蔽。然纔有著時，良知亦自會覺，
> 覺即蔽去，復其體矣。此處能勘得破，力是簡易透徹功夫。」〔註165〕

2.4 良知與致良知

良知並非就是天理，相反，良知始終處於對天理的追尋中，正是這一追
尋的過程構成和展現了天理。良知不能由別人教給，它只能在心中被激起、

〔註162〕《傳習錄》336。
〔註163〕《傳習錄》195。
〔註164〕《傳習錄》199。
〔註165〕《傳習錄》290。

被喚醒，就像出自精神的每一東西都必須被喚醒一樣，與外物接觸只是提供了這樣一個機緣激起或喚醒良知的機緣。在這一點上，良知與致良知密不可分。陳榮捷指出：良知之說出自《孟子‧盡心章上》，陽明擴之爲「致良知」，而所謂致者乃實行良知所知之意。〔註166〕實際上，王陽明對孟子良知說的發展，突出表現在陽明不只談論良知，他的學說的精髓在於「致良知」。

在王陽明這裡，致良知有兩層含義〔註167〕一方面是推致良知，致良知就是著實地去爲善去惡，在所有的行爲包括動機上，都著實去恢復本有之善：

> 必致其知如何爲溫凊之節者之知，而實以之溫凊，致其知如何
> 爲奉養之宜者之知，而實以之奉養，然後謂之「致知」。〔註168〕

致良知的另一方面含義是，在不同的境遇下展現豐富良知。良知是一個開放的系統，是一個永恒的過程。致良知就是在自己所處的環境下盡力而爲。沒有任何先驗的原則可以成爲行動的永恒指導，就是在盡力而爲解決問題的過程中，呈現出良知的作用。但與此同時，新的需要解決的問題產生了。於是同樣的過程開始了。就是在解決問題的過程中，問題不斷產生，良知自身也不斷得到呈現和豐富。在這個意義上，良知的內容是無法窮盡無法預知的，具體的環境，以及人的選擇、意志、努力和鬥爭，總是能給良知增加新的內容，而這一點，恰恰是致良知的具體內涵。

致良知過程中，需要避免將良知實體化爲某種「現成在手」的東西。將良知現成化的結果是，良知被淪爲某種現成的東西：

> 某於此良知之說，從百死千難中得來，不得已與人一口說盡。
> 只恐學者得之容易，把作一種光景玩弄，不實落用功，負此知耳。
> 〔註169〕

正是基於這一考慮，王陽明對孟子勿忘勿助的觀念甚爲激賞。王陽明在辛未年作的《答徐成之》中沿用了孟子勿忘勿助的觀念，對道德修養中急迫求之的現象進行了批判：

> 先儒所謂志道懇切，固是誠意；然急迫求之，則反爲私己，不
> 可不察也。日用間何莫非天理流行，但此心常存而不放，則義理自

〔註166〕陳榮捷：《王陽明與禪》，臺北：臺學生書局，1984年，頁73。
〔註167〕參見胡永中：《致良知論——王陽明去惡思想研究》，成都：巴蜀書社，2007年，頁83～84。
〔註168〕《傳習錄》138。
〔註169〕《年譜》武宗正德十有六年辛巳條。

熟。孟子所謂「勿忘勿助，深造自得」者矣。學問之功何可緩，但
恐著意把持振作，縱復有得，居之恐不能安耳。〔註170〕

同樣的提到「勿忘勿助」的還有《傳習錄》中一條：

凡人為學，終身只為這一事。自少至老，自朝至暮，不論有事
無事，只是做得這一件，所謂「必有事焉」者也。……「必有事焉
而勿忘勿助」，事物之來，但盡吾心之良知以應之，所謂「忠恕違道
不遠」矣。凡處得有善有未善，及有困頓失次之患者，皆是牽於毀
譽得喪，不能實致其良知耳。若能實致其良知，然後見得平日所謂
善者未必是善，所謂未善者卻恐正是牽於毀譽得喪，自賊其良知者
也。〔註171〕

在道德修養中，要「勿忘勿助」，給良知的成長留有時間，也就是要留時間給
致良知。在此期間，要保持「此心常存而不放」以實現「義理自熟」，而不能
以確定性的態度對待生命的成長，不能無條件地追求立竿見影。

「勿忘勿助」的意思，可以用法國哲學家伯格森提出的「創造性等待」
進行解釋。伯格森用準備糖水這樣一個著名的例子說明了他所謂的「創造性
等待」：「如果我要準備一杯糖水，不管我做什麼，都要等著糖融化」〔註172〕。
「外部經驗從自然的試驗中揭示自然秘密的方法不適合作為自我經驗的榜
樣。……人們必須具備這樣的能力，放棄已會了的合目的性的態度。……關
鍵是要區別過程和結果。如果把注意力只放在結果上，就不會注意事情本身，
就不會取得成功。」〔註173〕「勿忘勿助」的關鍵就是對目的性的消除，把目
光專注於事情本身。具體到道德修養上，就是要在日常生活中「必有事焉」，
「盡吾心之良知以應之」，時時事事「實致其良知」，在自己所處的環境下盡
力而為，僅此而已。

消除目的性不等於無所追求。相反，對目的性的消除，正是為了更好地
把注意力集中在道德修養的具體過程中，時時事事「實致其良知」。之所以能
夠事事磨煉良知，王陽明給出了本體論的解釋，其原因在於「日用間何莫非

〔註170〕《全書》卷21，《答徐成之》。

〔註171〕《傳習錄》147。

〔註172〕轉引自（德）費迪南·費爾曼：《生命哲學》，李健鳴譯，北京：華夏出版社，
2000年，頁73。

〔註173〕轉引自（德）費迪南·費爾曼：《生命哲學》，李健鳴譯，北京：華夏出版社，
2000年，頁73。

天理流行」，日常生活的一切都是天理的體現，也都爲踐履天理提供了機會，無論動靜語默，都是踐履天理、實致其良知的絕好機會。做到「實致其良知」後，人對整個世界的態度有了一個根本性的變化，「見得平日所謂善者未必是善，所謂未善者，卻恐正是牽於毀譽得喪，自賊其眞知者也」，對於世界有了新的認識，世界的意義變得敞亮起來，這個時候的人，已經進入了「萬物一體之仁」境界，成爲聖人了。

第四章 聖人境界論：萬物一體之仁

　　萬物一體之仁說，是王陽明晚年講學的基本宗旨之一。《年譜》嘉靖三年甲申條載，陽明居越講學，「環坐而聽者三百餘人。先生臨之，只發《大學》萬物同體之旨，使人各求本性、致極良知以至於至善」，這一新仁說在作為「師門教典」的《大學問》中得到了深刻闡發。這一理論，是王陽明成聖工夫論所最終達到的境界，也是他畢生所追求的聖人境界。

　　不僅如此，王陽明的萬物一體之仁說，把成聖工夫論擴展到社會政治層面，並與《大學》的政治倫理學說結合在一起〔註1〕，在這個意義上，萬物一體之仁的學說，並不局限於修養境界論，也是王陽明政治倫理學說的綜合體現。

　　王陽明萬物一體之仁的學說，不僅繼承了先秦早期儒學尤其是孔子博施濟眾的思想、孟子仁民愛物的思想，而且吸收融合了張載《西銘》、程顥《識仁篇》中的主要內容，堅持了儒家倫理本位的立場，有強烈的淑世情懷，把孟子以來的儒家仁政學說推到了一個新的高度，這一點也從根本上將王陽明的一體之仁與道家和佛教的萬物一體論區別開來。

　　萬物一體之仁說的意義，在於強調天地萬物以人為中心，人心便是天地鬼神的主宰，人的良知也是草木瓦石的良知。按照萬物一體之仁，每一個人都應將自己的良知推廣及天下，以天下萬物為一體，對萬物的痛癢悲戚有著同情的理解和人文關懷，由此建立起以良知德性為基礎的理想社會。正是由

〔註1〕陳來指出，「《大學》本文並沒有談到萬物一體或萬物同體的思想，而陽明用萬物同體的思想詮釋《大學》的『親民』綱領，所以說『發《大學》萬物同體之旨』。由此也可見，陽明萬物同體思想的重點是在『博施濟眾』、『仁民愛物』的親民一面。」見《有無之境——王陽明哲學的精神》，北京：人民出版社，1991年，頁259。

於一體之仁的提出，王陽明一生所追求的成聖之道才有了一個圓滿的結果。

一、中國思想史上的境界論

「境界」一詞，出於佛教經典，《無量壽經》曰「比丘白佛，斯義宏深，非我境界」，《入楞伽經》曰「我棄內證智，妄覺非境界」，依丁福保《佛學大辭典》，境界是指「自家勢力所及之境土。又，我得之果報界域，謂之境界」〔註2〕。寬忍主編《佛學辭典》〔註3〕解釋爲：「感覺作用的區域：又爲對象，心識活動範圍……以爲分限的意思，如佛與眾生，凡與聖，各因其所知覺之程度不同而有分限差別」。

牟宗三認爲，「把境、界連在一起成『境界』一詞，這是從主觀的心境上講。主觀上的心境修養差別到什麼程度，所看到的一切東西都往上昇，就到達什麼程度，這就是境界，這個境界就成爲主觀的意義。」〔註4〕可以看出，從「自家勢力所及之境土」到「我得之果報界域」，境界的含義有一個逐漸深化和抽象的過程，中國思想史上所說的境界，就是指後者而言，指主體經過一定的修煉和提高，最終所達到的理想的精神高度。

如蒙培元所言，境界一詞雖然出於佛教，「但是境界作爲一種普遍性學說，確是三家（儒釋道）所共有的」〔註5〕按照蒙培元在《心靈超越與境界》中的研究，可以把中國思想史上關於境界的學說依照其所追求的最終目標，劃分爲佛教涅槃境界、道家的自然境界和儒家的「仁」「誠」境界。

1、佛教的涅槃境界

佛教絕對超越的涅槃境界，是以破除一切對立爲手段的。這裡的境界是就智慧而言的，由一心開出智境，而後又歸於一心，這就是境界。涅槃境界的形成，離不開智慧，離不開心的參與。依照天台智顗的論述，因具體的情景發此心之智慧，用此心的智慧展現理解所遭遇的情景，最後達到「智以照境，境以發智，照者自照，寂者自寂，寂照不二」，這就是理想的涅槃境界。〔註6〕

「這種境界，以其無限，故名之爲『虛空』，以其永恒，故名之爲『涅槃』。

〔註2〕見丁福保：《佛學大辭典》，北京：文物出版社，2002年。
〔註3〕寬忍主編：《佛學辭典》，北京：中國國際廣播出版社、香港華文國際出版社，1993年。
〔註4〕牟宗三：《中國哲學十九講》，上海：上海古籍出版社，1997年，頁123。
〔註5〕蒙培元：《心靈超越與境界》，北京：人民出版社，1998年，頁91。
〔註6〕蒙培元：《心靈超越與境界》，北京：人民出版社，1998年，頁92。

涅槃就是息滅生死煩惱而獲得徹底解脫的境界」「以解脫爲境界，以徹底解脫
爲『涅槃』境界，這是佛教境界說的根本特點」〔註7〕。這一境界，並不脫離
世間，而是在對待世界的態度上有了根本性的變化，獲得般若智慧，在心靈
的解脫中獲得了永恒與無限，這一境界是心靈智慧所能達到的最完滿狀態。

2、道家的自然境界

　　與佛教不同，道家以自然境界爲最高境界。這一境界，自然而然，沒有
任何的目的性和意志論色彩。最突出地表現了道家自然境界說的是莊子。莊
子所說的「逍遙」於「無窮之野」，就是這種自然境界。心靈在擺脫了束縛之
後，能夠「虛室生白」〔註8〕、「天府」、「葆光」〔註9〕，達到光明之境，「這
光明來自心靈的『本眞』狀態，它能照亮一切，穿透一切，使萬物沒有任何
『遮蔽』，因而能夠『齊物』」〔註10〕。

　　值得注意的是，道家的自然境界雖然沒有目的性和規定性，但帶有強烈
的社會關懷色彩，這是自然境界與涅槃境界的最大區別。自然境界不是無所
作爲，而是「無爲而無不爲」，是有所作爲，並且比一切有爲更爲根本，其原
因就在於「有生於無」，它抓住了比「有」更爲根本的「無」。朱熹認爲老子
「猶要做事在」，不爲則已，爲則「不可當」〔註11〕。自然境界推崇無爲，但
並不逃避現實，在追求精神解脫的同時，又有理想的現實追求，莊子關心「命」
的問題，對於「無所逃於天地之間」的現實命運，並不迴避，並且提出了順
應以「安之若命」的解決路徑。

3、儒家的「仁」「誠」境界

　　儒家具有強烈的入世色彩，這一點在境界論中也有明顯的反映。儒家的
最高境界是「仁」「誠」境界。二者都是從道德情感、道德意志出發，是出於
情感而超越情感。不僅如此，這一境界超越了個人私情，實現了與「天道」
的溝通。在儒家，「天」不僅是道德本體，而且是宇宙本體。儒家「仁」「誠」
境界追求天人合一，就突出表現了其強烈的入世色彩。〔註12〕

〔註7〕　蒙培元：《心靈超越與境界》，北京：人民出版社，1998年，頁92。
〔註8〕　《莊子·人間世》。
〔註9〕　《莊子·齊物論》。
〔註10〕蒙培元：《心靈超越與境界》，北京：人民出版社，1998年，頁93。
〔註11〕黎靖德編：《朱子語類》卷125。
〔註12〕參見蒙培元：《心靈超越與境界》，北京：人民出版社，1998年，頁96。

最能表示這一境界的著作是《中庸》。《中庸》提出，儒家追求的天人合一的「仁」「誠」境界，超出了可以觀察的存在領域。這一與作爲本體的「天」合一的境界，基於人的道德修養和宇宙情懷。在這裡，「誠」是所要達到的最終目標，「誠之」則是達到這一目標的具體手段。這一境界，需要在現實的政治社會中、在處理世界的種種政治倫理關係中獲致。

值得注意的是，儒釋道三家關於境界說的論述，都有著關於本體的設定，並以此作爲境界的根據。本體作爲客觀的發展或者要求，爲境界的實現確立了目標。在儒釋道三家關於本體的設定中，都有著關於萬物一體的論說。在對作爲本體的萬物一體的說明和與之相應的對萬物一體境界的追尋和探究中，我們可以清晰地把握到三家特別是儒家與釋道兩家在境界論上的根本不同。理解王陽明萬物一體之仁的聖人境界論，需要從這一區分中進行。下面，我們就著手討論王陽明之前的萬物一體論。

二、王陽明之前的萬物一體論

萬物一體是中國哲學中的傳統話題。馮友蘭認爲萬物一體思想由孟子、莊子肇始，並爲宋明學者所發揚。〔註13〕「萬物一體」思想在孟子哲學中確有發端，孟子說：「夫君子所過者化，所存者神，上下與天地同流，豈曰小補之哉？」「萬物皆備於我。反身而誠，樂莫大焉。強恕而行，求仁莫近焉。」依馬丁·布伯（Martin Buber）之見，「我」與其它世界存在者的關係，其實不外兩種：「我——它」關係和「我——你」關係。孟子「萬物皆備於我矣」，就是從「我」的角度對物我之間「我——你」關係的揭示。但在孟子這裡，萬物一體的思想沒有得到更多的關注，從「我」的角度對「我——你」關係的具體而深入的揭示是在理學中進行的，特別是王陽明的萬物一體之仁，對孟子這一思想有所吸收。有鑒於此，我們對萬物一體論的考察，選擇從莊子開始。

1、莊子與僧肇的萬物一體論

如前所述，在萬物一體上的區分，主要存在於儒家與釋道之間。佛教與道家之間也有不同，這一點在上面已經有所討論，相對儒家，佛教和道家之間的相同大於差異。所以我們把佛教與道家中的萬物一體論放在一起討論，並且以莊子和僧肇作爲代表。

〔註13〕馮友蘭：《中國哲學史（上）》，上海：華東師範大學出版社，2000 年，頁102。

　　我們先從莊子談起。莊子在《齊物論》中說：

　　　　天下莫大於秋毫之末，而大山爲小；莫壽乎殤子，而彭祖爲夭。

　　天地與我並生，而萬物與我爲一。

僧肇在《肇論》中指出：

　　　　玄道在於妙悟，妙悟在於即眞，即眞即有無齊觀，齊觀即彼己

　　莫二，所以天地與我同根，萬物與我一體。

日本學者島田虔次認爲，莊子和僧肇的萬物一體論是「建立在取消大小、壽夭（時間的大小）、有無的基礎上的，是知性的、理論的命題」〔註14〕。對這一判斷，有進一步研究的必要。下面試以莊子爲例進行討論。

　　從原文來看，莊子所講的萬物一體，確實是順承取消大小壽夭之差別的論述而來的，但這並不表示說，莊子的萬物一體論只是知性的、理論的命題。相反，莊子的這一理論，更是一個存在論的命題。在莊子看來，天地萬物都是道的體現，從道的角度看，秋毫與大山之間無所謂大小，彭祖與殤子之間無所謂壽夭。

　　郭象在《莊子注》中解釋上文時說：

　　　　夫以形相對，則大山大於秋毫也。若各據其性分，物冥其極，

　　則形大未爲有餘，形小未爲不足。苟各足於其性，則秋毫不獨小其

　　小而大山不獨大其大矣。若以性足爲大，則天下之足未有過於秋毫

　　也；若性足者爲非大，則雖大山亦可稱小矣。

同樣，我與天地萬物一樣，都是道的體現者，道將我們彼此聯結起來。主體通過「坐忘」「吾喪我」等修養功夫，體悟到這一事實，就可以達到萬物一體的境界：「苟足於天然，而安其性命，故雖天地未足爲壽，而與我並生，萬物未足爲異，而與我同得」〔註15〕。

　　可以看出，莊子的萬物一體論，是建立在道的基礎上的。道的特性決定了莊子的萬物一體論的主要指向是逍遙，在這一理論關照下的宇宙「是一個存在者以自身爲目的的自在化的目的王國。在這裡萬事萬物獨立自在又相互關聯，並行而和諧。」〔註16〕換言之，莊子的萬物一體著眼的是整個宇宙的

〔註14〕島田虔次：《朱子學與陽明學》，蔣國保譯，西安：陝西師範大學出版社，1986年，頁30。

〔註15〕郭象：《莊子注・齊物論注》。

〔註16〕謝揚舉：《道家哲學之研究》，西安：陝西人民出版社，2003年，頁55。

萬物的關聯與和諧，道德倫理等人文價值不如在儒家哲學中間那麼突出，這是莊子，也是僧肇的萬物一體論所共同具有的特點。

2、張載《西銘》中的萬物一體思想

張載認為人與萬物一樣都是「一於氣」而生，人與萬物是「一氣相通」的有機系統，「人但物中之一物」〔註17〕，人與萬物同屬於一類，都是由同一氣聚合而成。基於這一點，人要把自己看作宇宙的一個必要部分，把宇宙萬物看作和自己息息相關的整體存在。做到這一點的關鍵在於「大其心」，「大其心則能體（直覺）天下之物」〔註18〕。所謂「大其心」，就是要打破人的形體的限制，消弭主客體的界限，從大我之心直接體認天地萬物一體的境界，最終認識到「天下無一物非我」。

認識到「天下無一物非我」之後，人如何對待與自己同屬一類的萬物？張載提出了「民胞物與」的思想。對這一思想的系統闡發主要體現在《西銘》中。《西銘》在理學發展史上具有突出的地位。二程、朱熹都對此文推崇備至。大程說，「孟子以後，未有人及此」〔註19〕，小程說，「《定頑》（按即《西銘》）之言，意極完備，秦漢以來學者所未到」〔註20〕。有學者認為，經過程門表彰，《西銘》具有了和四書一樣的地位〔註21〕。如此推崇《西銘》的主要原因就在於，《西銘》通過強調萬物一體，對儒家的倫理觀念進行了哲學的論證。程顥稱讚《西銘》「仁孝之理備於此」，就是強調了這一點。

《西銘》從萬物一體的角度出發，仿照人世間的宗法模式，對宇宙做了家族式的描述。《西銘》開篇講，「乾稱父、坤稱母，予茲藐焉，乃混然中處。故天地之塞，吾其體；天地之帥，吾其性。」提出了以天地為父母的宗法家族式宇宙觀。天地乾坤以健順之德生養萬物，包括人在內的萬物同以天地為父母，以健順之德為生命的根源。乾坤為父母，天下為一家，則事天之道猶如事親之孝。反過來，事親之孝的價值和地位因此就得到了確證。由此可見，《西銘》的重要意義，在於從本體論的角度論證了儒家宗法制度的合理性，並將等級制度作為宇宙的普遍原則予以神化。

〔註17〕 《張子語錄・語錄上》。

〔註18〕 《正蒙・大心》。

〔註19〕 《二程集》卷 2。

〔註20〕 《二程集》卷 2。

〔註21〕 陳俊民：《張載〈西銘〉理想論》，載《陝西師範大學學報》1983 年第 2 期。

　　張載亦通過氣本體論對這一論證進行了強化。「天地人三者混然共處於宇宙之中。由於三者都是『氣』聚之物，天地之性，就是人之性，所以人類是我的同胞，萬物是我的朋友，因為歸根到底，萬物與人類的本性都是一致的。」〔註22〕雖然萬物由一氣構成，但「這並不意味著天下萬物都是平等的」〔註23〕，所謂的萬物一體，也是在宗法模式下的萬物一體，「民吾同胞，物吾與也。大君者吾父母宗子；其大臣，宗子之家相也。」雖然人與萬物都源出於天地父母，但在萬物與人、以及人與人之間仍有著嚴格的等級界限。「這種界限是先天產生的，而不是後天決定的」〔註24〕，先天的決定因素，就是儒家一直強調的構成宗法等級制度基礎的血緣關係。在承認萬物一體的前提下，強調萬物之間的差異和等級，這是張載萬物一體思想的一個特點，這一特點所具有的鮮明的儒家性格，也為王陽明所繼承。

　　同時，《西銘》所發揚的仁愛與民本思想，也為儒家成聖成賢的目標增加了新的內容。「尊高年，所以長其長；慈孤幼，所以幼吾幼。聖其合德，賢其秀也。凡天下疲癃殘疾，煢獨鰥寡，皆吾兄弟之顛連而無告者也。於時保之，子之翼也；樂而不憂，純乎孝者也。」這一思想，正是孔子「老者安之，朋友信之，少者懷之」〔註25〕以及孟子「老吾老以及人之老，幼吾幼以及人之幼」〔註26〕思想的發展與深化。其深化的途徑，就在於強調了對萬物一體這一客觀事實的肯認。

3、程顥的萬物一體論

　　與此相關的是，在宋代理學家程顥那裡，也有萬物一體的思想：

　　　　醫書言手足痿痹為不仁，此言最善名狀。仁者，以天地萬物為一體，莫非己也。認得為己，何所不至？若不有諸己，自不與己相干，如手足不仁，氣已不貫，皆不屬己。〔註27〕

〔註22〕侯外廬、邱漢生、張豈之主編：《宋明理學史》上，北京：人民出版社，1984年，頁108。

〔註23〕侯外廬、邱漢生、張豈之主編：《宋明理學史》上，北京：人民出版社，1984年，頁108。

〔註24〕侯外廬、邱漢生、張豈之主編：《宋明理學史》上，北京：人民出版社，1984年，頁108。

〔註25〕《論語‧雍也》。

〔註26〕《孟子‧梁惠王上》。

〔註27〕《二程集》卷2。

若夫至仁，則天地爲一身，而天地之間，品物萬形爲四肢百體。
夫人豈有視四肢百體而不愛者哉？〔註28〕
這裡的萬物一體，是建立在「仁」之上的，強調的是作爲主體的人，對貫穿於自身和萬物的同一個宇宙生意的知覺和感悟，「『天地之大德曰生』『天地絪縕，萬物化醇』，……萬物之生意最可觀，此元者善之長也，斯所謂仁也。」〔註29〕達到與物同體的前提就是「識仁」。

「仁」首先由孔子提出，並賦予其哲學上的含義。在孔子那裡，仁具有兩種意義，一種是仁義禮智信並稱之仁，此爲一具體的德目；另一種則是道德法則的總稱，也就是程顥這裡所說的，「義、禮、智、信皆仁也。」但是在程顥這裡，仁不只局限於道德法則，而是具備了本體論的意義。程顥說，「觀雞雛（此可觀仁）」，「切脈可以體仁」。〔註30〕這裡「所謂仁，就是天地生生之德；同一個天地之生意共同貫通自己和萬物，這即萬物一體之謂」〔註31〕。「明道先生作縣，凡坐處皆書『視民如傷』四字。常曰：顥常愧此四字」〔註32〕。「視民如傷」這四個字最明顯地體現了所謂「識仁」的精神。「手足痿痺爲不仁」，「識仁」的關鍵就在於感通。能夠感通，則人與天地萬物相互連屬，成爲一體，天地萬物也成爲人的一部分，不可分割。沒有感通的能力，就如同手足麻木不仁一樣，不會將麻痺的手足體認爲自身的一部分。同時，應該注意到，仁心之感通萬物，猶如天道之體物而不遺。程顥的「識仁」並不局限於人類或者萬民，而是貫穿於萬物整體的。上面所引用的「觀雞雛（此可觀仁）」就說明了這一點。

如何知覺和體悟這一宇宙生意，程顥提出的方法是「觀」：「觀天地生物氣象（周茂叔看）」〔註33〕，「萬物靜觀皆自得」〔註34〕。「觀」作爲一種方法，最早是由老子提出的，「常無欲以觀其妙」〔註35〕，成玄英在《道德經義疏》中疏解說，「觀，照察己身也。言人能無欲無爲至虛至靜者，即能近鑒己身之

〔註28〕《二程集》卷4。
〔註29〕《河南程氏遺書》卷11。
〔註30〕以上均見《二程集》卷3。
〔註31〕島田虔次：《朱子學與陽明學》，蔣國保譯，西安：陝西師範大學出版社，1986年，頁29。
〔註32〕《二程集》卷12。
〔註33〕《近思錄》卷1。
〔註34〕《河南程氏文集卷第三》，《秋日偶成》。
〔註35〕《老子》第1章。

妙道，遠鑒至理之精微也。」「觀」的一個本質要求在於，主體要排除自身欲望的干擾。「己身之妙道」與「至理之精微」互文呈意，在「無欲無爲至虛至靜」的情況下，主體會在自身體會到道的精妙。程顥所講的「觀天地生物氣象」，就是要排除自身的干擾，這一干擾的主要表現是「不知覺不認義理」，未能自覺體現出宇宙的生意與生機：

> 醫書有以手足風頑謂之四體不仁，爲其疾痛不以累其心故也。
> 夫手足在我，而疾痛不與知焉，非不仁而何？世之忍心無恩者，其
> 自棄亦若是而已。〔註36〕

手足麻木就是失去了生意，失去了對外物的感受能力，也就是通常所說的麻木不仁，仁者要以此爲戒，善於體察物理人情。程顥說張載的「《定頑》意思，乃備言此體」〔註37〕，《定頑》的中心就是提出「天地父母也，物吾與也」的思想，從家族血緣的角度，對萬物一體的思想進行闡發。

通過「觀」的方法，體會到自身良知良能所展示的能夠體現宇宙生生之意的「仁」之後，就有對之加以保育的必要。《識仁篇》說「『必有事焉而毋正，心毋忘，毋助長』，未嘗致纖毫之力，此其存之之道。若存得，便合有得。」這樣的人被稱爲「仁者」，仁者「靜後，見萬物自然皆有春意」〔註38〕，春意就是生意或者生機，也就是「仁」在萬物中的展示。

「仁」同時又與程顥「自家體貼出來」的天理相關聯：

> 所以謂萬物一體者，皆有此理，只爲從那裡來。「生生之謂易」，
> 生則一時生，皆完此理。人則能推，物則氣昏，推不得，不可道他
> 物不與有也。人只爲自私，將自家軀殼上頭起意，故看得道理小了
> 佗底。放這身來，都在萬物中一例看，大小大快活。〔註39〕

天理是宇宙萬物的最終根據，也是萬物一體的終極原因。在這個意義上，所謂的「仁」就是天理。天理的引入，使得程顥的萬物一體論獲得了形上意義。天理是宇宙萬物的本體，萬物各具天理，從而在天理的角度上統一起來。從這個意義上講，萬物一體不只是對人而言，不只人可以說「萬物皆備於我」，在物亦然：

〔註36〕《河南程氏遺書》卷1。
〔註37〕《河南程氏遺書》卷2上。
〔註38〕《河南程氏遺書》卷6。
〔註39〕《河南程氏遺書》卷2上。

「萬物皆備於我」，不獨人爾，物皆然。都自這裡出去，只是物
不能推，人則能推之。雖能推之，幾時添得一分？不能推之，幾時
減得一分？百理具在，平鋪放著。幾時道堯盡君道，添得些君道多；
舜盡子道，添得些孝道多？元來依舊。〔註40〕

無論是否意識到這一點，萬物一體則是一個不爭的事實，有著本體論上的根
據，爲這一事實提供最終保證的天理，乃是永恆而普遍的。這是程顥萬物一
體說區別於莊子或者僧肇的作爲神秘體驗的萬物一體的地方。

可以看出，程顥的萬物一體論是傳統「天人合一」命題的哲學化，在通
過引入形上本體天理將這一命題普遍化的同時，雖然強調生意、強調善觀，
但並沒有在「觀」與「推」的方法要求之外，賦予人以特別的地位。忽視了
人在萬物一體中的特殊地位，這是程顥萬物一體論的特點，也是其與王陽明
一體之仁理論的區別之處。

三、王陽明的萬物一體之仁說

王陽明萬物一體之仁的特點，在於他把良知說與萬物一體結合起來，用
良知來說明萬物一體〔註41〕，他的萬物一體之仁的理論是建立在良知之上的：

夫人者，天地之心，天地萬物，本吾一體者也。生民之困苦荼
毒，孰非疾痛之切於吾身者乎？不知吾身之疾痛，無是非之心者也。
是非之心，不慮而知，不學而能，所謂良知也。良知之在人心，無
間於聖愚，天下古今之所同也。〔註42〕

大人之所以能「以天地萬物爲一體」，乃是出於「其心之仁」不容已的要求，
並不是私利計算的結果。這一「心之仁」，人人固有，但是小人在軀殼上起念，
蔽於私欲，從而有所謂物我之分，而沒有一體之感。即便如此，這一客觀存
在的感通萬物的仁心並不能被徹底掩蓋。換言之，萬物一體之仁是客觀存在
的，問題只在於是否意識到這一點。

王陽明論證這一點的時候，舉出了孟子所說的見孺子入井的例子：「見孺
子之入井，而必有怵惕惻隱之心焉，是其仁之與孺子而爲一體也」，見孺子入
井，「怵惕惻隱之心」自然流露，這表明自己的惻隱之心與入井的孺子相感通，

〔註40〕《河南程氏遺書》卷2上。
〔註41〕方旭東：《同情的限度──王陽明萬物一體說的哲學詮釋》，載《浙江社會科
　　　　學》，2007年第2期。
〔註42〕《傳習錄》179。

成爲一體，孺子之痛即我之痛。同樣地，吾人見鳥獸、草木與瓦石不得其生、不得其所，都會有不忍、憫恤、顧惜之心的自然流露。這也就是說，在仁心的感通中，主體體認到了自己與他人、鳥獸、草木、瓦石是一體這一事實。

可以看出，王陽明所採取的路徑是體驗式的，通過具體經驗的發掘與指點，表現出了這一「心之仁」的「感通」義。所謂「你只在感應之幾上看，豈但禽獸草木，雖天地也與我同體的，鬼神也與我同體的。」〔註43〕此「心之仁」的流動感應而有「一體」之感。故陽明稱之爲「一體之仁」，仁即由眞誠惻怛的一體感來啓悟。

需要注意的是，王陽明在敘說萬物一體時候所用的句式。根據陳立勝的研究，王陽明在論說一體之仁時，屢屢採用的幾個句式有「以……爲」「視……若」「見……若」，也就是所謂的 see as 結構。這裡的「視……若」「不僅帶有『相信』的意思，而且更帶有『信靠』的意思」，「所以一體之仁的躍動不僅僅止於心理層面的『同情』與『憐憫』，而必展現出相應的『行動』與『舉止』。」〔註44〕不僅如此，萬物一體之仁之所以必須表現爲相應的行動與舉止，是體認到本心良知、實致其良知的必然結果。

從「致良知」的角度看，王陽明這裡所說的「一體之仁」，就是所要「致」的「良知」；從《大學問》所謂「明明德」的角度看，就是所要「明」的「明德」。合而言之：「明明德者，立其天地萬物一體之體也。親民者，達其天地萬物一體之用也。」「固然，陽明屢次由是非之心來識取良知。但值得注意的是，陽明也說：『夫人者，天地之心。天地萬物本吾一體者也。生民之困苦荼毒，孰非疾痛之切於吾身者乎？不知吾身之疾痛，無是非之心也。』（《傳習錄》中）可見陽明也由一體同感（天地萬物本吾一體者也）的感應之幾來體認『是非之心』（良知）。要言之，良知即是以天地萬物爲一體之仁心。」〔註45〕可以看出，所謂的是非之心、一體同感分別代表了兩種體認「良知」（或曰「明德」，或曰「一體之仁」）的路徑。就此而言，「致良知」即是「達其天地萬物一體之用」，只有「致良知」，天地萬物爲一體才能眞正實現。反過來說，只有「達其天地萬物一體之用」，「致良知」的工夫才有實在的著落；只有「達

〔註43〕《傳習錄》336。

〔註44〕陳立勝：《王陽明萬物一體論》，上海：華東師範大學出版社，2008年，頁191～192。

〔註45〕林月惠：《一本與一體：儒家一體觀的意涵及其現代意義》，載中國論文下載中心 http://www.studa.net/.

其天地萬物一體之用」，王陽明所探索的成聖之道才成爲完備無缺的。

概括言之，王陽明「萬物一體之仁」的思想包括本體和工夫兩個層面，從本體層面上說，萬物本來一體，萬物一體是一個本體論的事實；對這一事實的確認，落實到工夫層面上，就要求人應當努力實現萬物一體。

1、一體之仁的證明

如何在本體層面上證明萬物本來一體，王陽明提出了兩個途徑。一個是從良知的角度。另一個，是從氣的角度。

在孔子思想體系中，仁是最高的道德規範。仁的倫理屬性決定了其所面對的是同類之間的關係。把這一倫理關係從人類內部擴展到自然界，就必須把人與自然看成同類。在把人與自然歸爲同類以確立一體之仁時，王陽明指出，人與草木瓦石同具良知，這一點是人與自然之間的「價值同根性」，良知作爲本體，是人與萬物共同具有的同根價值。在這個意義上，天也要良知來安排，良知才是眞正的主宰，是萬物一體的最高根據：

> 人的良知，就是草木瓦石的良知。若草木瓦石無人的良知，不可以爲草木瓦石矣。豈惟草木瓦石爲然？天地無人的良知，亦不可爲天地矣。〔註46〕

> 良知是造化的精靈，這些精靈，生天生地，成鬼成帝，皆從此出，眞是與物無對。人若復得他完完全全，無少虧欠，自不覺手舞足蹈，不知天地間更有何樂可代。〔註47〕

> 問：「人心與物同體，如吾身原是血氣流通的，所以謂之同體。若於人便異體了，禽獸草木益遠矣。而何謂之同體？」先生曰：「你只在感應之幾上看。豈但禽獸草木，雖天地也與我同體的，鬼神也與我同體的。」請問。先生曰：「爾看這個天地中間，甚麼是天地的心？」對曰：「嘗聞人是天地的心。」曰：「人又甚麼教做心？」對曰：「只是一個靈明。」「可知充天塞地中間，只有這個靈明，人只爲形體自間隔了。我的靈明，便是天地鬼神的主宰。天沒有我的靈明，誰去仰他高？地沒有我的靈明，誰去俯他深？鬼神沒有我的靈明，誰去辯他吉凶災祥？天地鬼神萬物，離卻我的靈明，便沒有天

〔註46〕《傳習錄》274。
〔註47〕《傳習錄》261。

> 地鬼神萬物了；我的靈明，離卻天地鬼神萬物，亦沒有我的靈明。
> 如此，便是一氣流通的，如何與他間隔得？」又問：「天地鬼神萬物，
> 千古見在，何沒了我的靈明，便俱無了？」曰：「今看死的人，他這
> 些精靈遊散了，他的天地萬物尚在何處？」〔註48〕

我與天地鬼神都是有良知的存在，良知將我與其他存在貫通起來，因此，我應該像對待我自己的生命一樣對待其他一切存在。在這個意義上，草木瓦石就不再是與我的價值無關的自在之物，而是人類的倫理夥伴，是人類的同宗兄弟。人對萬物懷有「怵惕惻隱之心」、「不忍之心」、「憫恤之心」、「顧惜之心」，這恰恰是萬物一體之仁的具體表現：

> 大人之能以天地萬物爲一體也，非意之也，其心之仁本若是，
> 其與天地萬物而爲一也。豈惟大人，雖小人之心亦莫不然，彼顧自
> 小之耳。是故見孺子而必有怵惕惻隱之心焉，是其仁之與孺子而爲
> 一體也；孺子猶同類者也，見鳥獸之哀鳴觳觫，而必有不忍之心焉，
> 是其仁之與鳥獸而爲一體也；鳥獸猶有知覺者也，見草木之摧折而
> 必有憫恤之心焉，是其仁之與草木而爲一體也；草木猶有生意者也，
> 見瓦石之毀壞而必有顧惜之心焉，是其仁之與瓦石而爲一體也；是
> 其一體之仁也，雖小人之心亦必有之。是乃根於天命之性，而自然
> 靈昭不昧者也，是故謂之「明德」。〔註49〕

「人者天地之心」以及「天地萬物本吾一體」是繼承程顥的觀點，直接對萬物一體的事實進行了確認。王陽明的創造在於，將「『知身之疾痛』稱爲『是非之心』，並認爲這種是非之心就是天下古今所同的良知。」〔註50〕眾所周知，在孟子那裡，是非之心是所謂「智之端」，作爲「仁之端」的則是「惻隱之心」。王陽明這一理論，與程顥師徒根據中醫有關「不仁」理論所發揮的，仁即知一身之痛癢的思想，有所不同。〔註51〕

　　在王陽明這裡，「天地萬物本吾一體」是一個本體論上的事實。如前所述，良知是「一體之仁」的根據，良知的本體地位決定了「致良知」工夫的無窮

〔註48〕《傳習錄》336。
〔註49〕《全集》卷26《大學問》。
〔註50〕方旭東：《同情的限度──王陽明萬物一體說的哲學詮釋》，載《浙江社會科學》，2007年第2期。
〔註51〕方旭東：《同情的限度──王陽明萬物一體說的哲學詮釋》，載《浙江社會科學》，2007年第2期。

無盡，一切事與物都涵括在「致良知」的過程中，就此而言，「一體之仁」的提出，把致良知也就是成聖的修養工夫擴展到了天地萬物。從作為同類的孺子，到同有知覺的鳥獸、同有生意的草木，以至於瓦石這樣的無知無覺的存在物，一體之仁感知的範圍幾乎遍及整個宇宙，這樣一種客觀存在的感情，只能歸結為人類的天性。王陽明正是利用了這一點，為他的萬物一體之仁說做出了證明。

另一方面，從萬物的構成來看，人和自然界之物，由同一氣構成。人心人性來源於天，都是自然界的產物，這是王陽明論證一體之仁的另一根據：

> 蓋天地萬物與人原是一體，其發竅之最精處，是人心一點靈明，風、雨、露、雷，日、月、星、辰，禽、獸、草、木，山、川、土、石，與人原只一體。故五穀禽獸之類，皆可以養人，藥石之類，皆可以療疾，只為同此一氣，故能相通耳。〔註52〕

在王陽明，良知的流行表現為氣。氣作為萬物一體的根據，一方面是物質性的根源，另一方面具有生命力。如果用西方哲學的術語表示，就是說，氣同時是萬物的質料因和動力因。王陽明的思想，一方面繼承了前期中國哲學對氣的看法，認為「通天下一氣耳」，另一方面則指出人心靈明，是作為一體的萬物「發竅之最精處」，強調了主體的特殊地位。

2、四句教與一體之仁

在讓錢德洪錄《大學問》的同一年（1527），王陽明提出了四句教。《傳習錄》詳細記載了王陽明關於四句教的說法：

> 已後與朋友講學，切不可失了我的宗旨：無善無惡是心之體，有善有惡是意之動，知善知惡的是良知，為善去惡是格物，只依我這話頭，隨人指點，自沒病痛。此原是徹上徹下功夫。利根之人，世亦難遇，本體功夫，一悟盡透。此顏子、明道所不敢承當，豈可輕易望人！人有習心，不教他在良知上實用為善去惡功夫，只去懸空想個本體，一切事為俱不著實，不過養成一個虛寂。此個病痛不是小小，不可不早說破。〔註53〕

《王陽明年譜》對此也有記錄。王陽明自己說，「我年來立教，亦更幾番，今始立此四句」，這裡所謂的四句，就是平常所謂的「四句教」，「無善無惡是心

〔註52〕 《傳習錄》274。
〔註53〕 《傳習錄》315。

之體，有善有惡是意之動，知善知惡的是良知，爲善去惡是格物。」鄧艾民考證認爲，「王陽明晚年的確曾以這四句教作爲他的思想宗旨。」〔註54〕從成聖之道的角度看，四句教是從善惡的角度對聖人境界的描述。四句教與萬物一體之仁結合起來，成爲王陽明對聖人境界的完整描述。

　　四句教可以概括爲「一無」與「三有」，「一無」指「無善無惡是心之體」所指的心之本體，「三有」則是後三句所指稱的工夫。對四句教的詮釋，主要的焦點集中在首句的「無善無惡」的詮釋上。陳來對「無善無惡」提出了兩種可能的解釋，「一種是把無善無惡叫做至善，另一種是把至善叫做無善無惡。」〔註55〕陳來認爲「陽明是把這種無善無惡稱作至善的，至善在這裡的意義不是道德的，而是超道德的。」〔註56〕丁爲祥則認爲，至善是王陽明對「心之體」的一貫規定，以至善來統攝「無善無惡」，才是王陽明哲學的眞正宗旨。〔註57〕閻韜則認爲，王陽明將無善無惡確定爲心之體，是要建立一個以無爲體的哲學體系，這個體系講的有是即無而有，講的無是即有而無，四句教的提出標誌著三教融合的新階段。〔註58〕

　　以上幾種有代表性的詮釋，都注意聯繫王陽明思想的整體詮釋四句教，闡發四句教在整個宋明理學乃至中國哲學上的地位，對於理解其意義有很大貢獻。如果注意到四句教提出的時間是與《大學問》相接近的，從聖人境界的角度來理解四句教，也許能有所助益。因爲是從境界的角度切入，所以我們對四句教的討論，只局限於「一無」，其他「三有」所涉及的工夫論，不再納入討論範圍。

　　前面說過，在心即理說提出之後，王陽明對惡的問題有所探討，他把惡作爲自我警醒的機緣，也就是要通過對惡的克服來成就自己的德性。這個時候的惡是有待克服的對象。在萬物一體之仁提出之後，在聖人境界的視野下，他對惡有了新的認識，這也就是四句教的首句所說的，無善無惡心之體，心對於惡不再是排拒的態度，惡不再只被視爲成就善的機緣。換言之，惡不再

〔註54〕鄧艾民：《朱熹王守仁哲學研究》，上海：華東師範大學出版社，1989 年，頁200。

〔註55〕陳來：《有無之境──王陽明哲學的精神》，北京：人民出版社，1991 年，頁203。

〔註56〕陳來：《有無之境──王陽明哲學的精神》，北京：人民出版社，1991 年，頁205。

〔註57〕丁爲祥：《王陽明「無善無惡」辨》，載《孔子研究》1993 年第 2 期。

〔註58〕閻韜：《四句教新探》，載《南京大學學報》2002 年第 3 期。

是因爲善而存在。這表明，王陽明對惡的存在有了更深的認識。惡所指向的本體論上的事實，被納入了心體。心體不再是單純的以善爲本體，而是對任何存在，無論善惡都能包容。

與此同時，王陽明強調指出，惡與善不再如冰炭之不相容，「天地生意花草一般，何曾有善惡之分」，〔註59〕善與惡之間並不存在絕對的界限，彼此是可以互相轉化的。聖人境界就是建立在對這一點的認識上的，而聖人一個特點就是擺脫了對善惡的執著。這也就是《大學問》所講的，「大人」之仁能與孺子、鳥獸、草木爲一體的意思。與「大人」不同，「小人」就是執著於物我之間的分割，妨礙了一體之仁的貫通。強調心體對萬物的包容，這並不表示聖人在善惡之間沒有判斷和揀擇，四句教的「三有」就強調指出了知善知惡以及爲善去惡這一點。與「一無」不同的是，「三有」所指向的乃是成聖工夫論。

總之，四句教在聖人境界論上的意義就在於，它從心體的角度，強調了善惡之間並不存在絕對的界限，而論證萬物一體之仁的關係，就在於指出，聖人境界是建立在對善惡執著的破解之上的。

3、一體之仁與明德親民

萬物一體之仁說是與王陽明的明德、親民說相聯繫和相貫通的。在王陽明看來，明德親民是致良知的不可或缺的路徑，所謂「理在事上」，就是要在具體的道德踐履中提高德性。

朱子認爲「《大學》一字不胡亂下」，但卻改三綱領中「在親民」句的「親民」爲「新民」。朱子提出的理由是親民以文義推之無理，新民以傳文考之有據。這裡所謂的以「傳文考之則有據」的據，即是《盤銘》、《康誥》、《大甲》的「新」字，並且注解說，「新者，言自明其明德，又當推以及人，使之亦有以去其舊染之污也」〔註60〕，認爲這裡的「新」字意爲「自新」。

朱熹認爲，明明德與親民是有先有後的兩件事。在他看來，「新民」就是因我已明之心，喻民本明之性，使民亦得以明其明德，達到化民成俗，各明其德的目的。在朱熹看來，人由兩部分構成，一部分是人之所以異於禽獸的性，性具於心，所謂「方寸之間，虛靈洞徹，萬理咸備」，這裡的性，就是《大學》三綱領中的「明德」。另一部分則是氣，氣有清濁美惡之別，「清者智而

〔註59〕《傳習錄》101。
〔註60〕朱熹：《四書集注》卷1，北京：中華書局，1983年。

濁者愚，美者賢而惡者不肖」，氣的不同把人分爲兩類，一類是能全其本體、明其明德的上智大賢，另一類則是明德有蔽而失其全、「所知者不過情慾利害之私」者。聖人對這些「雖曰有人之形，而實何以遠於禽獸」的人，負有教化的責任，新民就是聖人實施教化的方法。具體而言，就是「推吾之所自明者以及之，始於齊家，中於治國，而終及於平天下」，由小及大，從對家庭成員的感化入手，逐步推廣到國與天下之人，「使彼有是明德而不能自明者，亦皆有以自明，而去其舊染之污焉，是則所謂親民者，而亦非有所付畀增益之也」。〔註 61〕新民不是對性有所增益，只是去其「舊染之污」，使自明其明德而已。

　　王陽明對親民做出了不同於朱熹的解釋，他肯定了親民與明德的同一性，「自格物致知至平天下，只是一個明明德。雖親民亦明德事也。明德是此心之德，即是仁。『仁者以天地萬物爲一體』，使有一物失所，便是吾仁有未盡處。」〔註 62〕親民與明德具有同一性，所以「明明德必在於親民，而親民乃所以明其明德也」〔註 63〕，具體而言就是，「人之欲明其孝之德也，則必親於其父，而後孝之德明矣；欲明其弟之德也，則必親於其兄，而後弟之德明矣。君臣也，夫婦也，朋友也，皆然也。故明明德必在於親民，而親民乃所以明其明德也」。〔註 64〕以事親爲例，不僅要親自己之父，且要擴充此心，親人之父，以及天下人之父。如此，此心之仁，才眞能與己之父、人之父與天下人之父爲一體。同樣地，對於兄弟、君臣、夫婦、朋友，乃至山川鬼神鳥獸草木，皆當親之，直至「至其極」、「盡其極」而後已。換言之，心之明德（良知）的感通既不偏於一方一隅，也不限於一事一物，而是在人倫日用間隨機而發。究其極，必擴充至天地萬物，通於宇宙全體。親民以明其明德，親民就是修身的路徑。

　　王陽明在《親民堂記》指出，「人者，天地之心也；民者，對己之稱也；曰民焉，則三才之道舉矣。是故親吾之父以及人之父，而天下之父子莫不親矣；親吾之兄以及人之兄，而天下之兄弟莫不親矣。君臣也，夫婦也，朋友也，推而至於鳥獸草木也，而皆有以親之，無非求盡吾心焉以自明其明德也。

〔註 61〕朱熹：《四書或問》卷 1，上海：上海古籍出版社，2001 年。
〔註 62〕《傳習錄》P89。
〔註 63〕《全集》卷 7《親民堂記》。
〔註 64〕《全集》卷 7《親民堂記》。

是之謂明明德於天下，是之謂家齊國治而天下平。」〔註65〕民的含義不局限於人，凡是與己相對的、作爲對象出現的物體，都是民，民的範圍涵括了天地人三才。王陽明通過對民概念的創造性詮釋，使親民由《大學》原本的政治學命題深化爲一個哲學命題。親民就是親天地萬物以至於鳥獸草木，親民的結果，就是實現了「家齊國治天下平」。

4、萬物一體之仁與等級差異

在承認萬物一體之仁的前提下，王陽明認爲萬物之間仍然存在著區別和差異，有著等級秩序，這一秩序是由儒家所強調的「人倫秩序」的區別而來，仁愛情感的自然差等決定了對待萬物的態度的不同：

> 惟是道理，自有厚薄。比如身是一體，把手足捍頭目，豈是偏要薄手足，其道理合如此。禽獸與草木同是愛的，把草木去養禽獸，又忍得？人與禽獸同是愛的，宰禽獸以養親，與供祭祀、燕賓客，心又忍得？至親與路人同是愛的，如簞食豆羹，得則生，不得則死，不能兩全，寧救至親，不救路人，心又忍得？這是道理合該如此。及至吾身與至親，更不得分別彼此厚薄。蓋以仁民愛物，皆從此出；此處可忍，更無所不忍矣。《大學》所謂厚薄，是良知上自然的條理，不可逾越，此便謂之義；順這個條理，便謂之禮；知此條理，便謂之智；終始是這條理，便謂之信。〔註66〕

這裡，王陽明堅持了儒家的等差原則，對作爲宗法制度基礎的這一點進行了強調。王陽明舉例說，即使是同一身體中，其中，手足與頭目的分工也還不同，所以，「一體之仁」並不等於對萬物懷有同等程度的愛，這種差異或等級（厚薄）就是儒家所說的「義」，並且，禮、智、信都可以由此獲得理解。厚薄是「良知上自然的條理」，但「及至吾身與至親，更不得分別彼此厚薄」，將區別厚薄的做法不能應用到自己至親身上。

人與人之間、人與物之間，雖然能夠相親相愛、相互關懷，但仍然有一個「愛得是與不是」的問題，「須愛的是」「方可謂之仁」，若「只知博愛，而不論是與不是，亦便是有差處」。在此基礎上，王陽明對墨子的兼愛理論進行了批判，認爲它「無差等」：

> 問：「程子云『仁者以天地萬物爲一體』，何墨氏『兼愛』反不

〔註65〕《全集》卷7《親民堂記》。
〔註66〕《傳習錄》276。

得謂之仁？」先生曰：「此亦甚難言，須是諸君自體認出來始得。仁是造化生生不息之理，雖瀰漫周遍，無處不是，然其流行發生，亦只有個漸，所以生生不息。如冬至一陽生，必自一陽生，而後漸漸至於六陽，若無一陽之生，豈有六陽？陰亦然。惟其漸，所以便有個發端處；惟其有個發端處，所以生；惟其生，所以不息。譬之木，其始抽芽，便是木之生意發端處；抽芽然後發幹，發幹然後生枝生葉，然後是生生不息。若無芽，何以有幹有枝葉？能抽芽，必是下面有個根在。有根方生，無根便死。無根何從抽芽？父子兄弟之愛，便是人心生意發端處，如木之抽芽。自此而仁民，而愛物，便是發幹生枝生葉。墨氏兼愛無差等，將自家父子兄弟與途人一般看，便自沒了發端處；不抽芽便知得他無根，便不是生生不息，安得謂之仁？孝弟爲仁之本，卻是仁理從裏面發生出來。」〔註67〕

5、一體之仁的體現者：所謂大人

「大人」之說，最早見於《易經》。《易經・乾卦》，「九二，利見大人」，「九五，飛龍在天，利見大人」，這裡所謂的大人，是指德位兼備的人。在孟子思想中，「大人」一詞有兩種不同的用法。一種用法是指有社會地位者，主要是指國君，所謂「有大人之事，有小人之事。……或勞心，或勞力。勞心者治人，勞力者治於人。治於人者食人，治人者食於人」〔註68〕，「說大人，則藐之，勿視其巍巍然」〔註69〕。第二種用法，則是指有學問有道德的人。「惟大人爲能格君心之非」〔註70〕，「有大人者，正己而物正者也。」〔註71〕孟子思想中大人的兩重含義表明，《易經》時代德位合一的情況不復存在了，現實的情況是有位者未必有德。在這種情況下，孟子思想探究的重心放在了大人的第二層上，即如何成爲有學問有道德的人。如何回答這一問題，孟子提出「居仁由義」：「居惡在？仁是也。路惡在？義是也。居仁由義，大人之事備矣。」〔註72〕「居仁」其實就是由「明德」、「正己」而固執於「至善」，「由義」就是由「止於至善」而踐行於「親民」、「正物」。

〔註67〕　《傳習錄》93。
〔註68〕　《孟子・滕文公上》。
〔註69〕　《孟子・盡心下》。
〔註70〕　《孟子・離婁上》。
〔註71〕　《孟子・盡心上》。
〔註72〕　《孟子・盡心上》。

　　王陽明對大學的認識，仍然沿襲傳統的說法，稱之爲大人之學。所謂的大人之學，依照朱熹的解釋，是與小學相區分的。朱熹在《大學章句序》中說，「《大學》之書，古之大學所以教人之法也。」這裡的大學所指的，就是與小學相對應的「大人之學」。所謂的小學，是人在八歲到十五歲之間所接受的教育，內容主要是「灑掃、應對、進退之節，禮樂、射御、書數之文」。而大學，指的是人在十五歲以後所接受的教育，其內容是「窮理、正心、修己、治人之道」。可以看出，朱熹所理解的大人，是以年齡來區分的。

　　在對大人的理解上，王陽明與朱熹有明顯的不同。王陽明所理解的「大人」與「小人」，其區別不在於年齡，而是圍繞「一體之仁」所做出的判斷，能體驗到萬物一體的就是大人，反之則爲小人：

　　　　大人者，以天地萬物爲一體者也。其視天下猶一家，中國猶一
　　人焉。若夫間形骸而分爾我者，小人矣。〔註73〕

能否做到萬物一體、是大人還是小人的關鍵在於，是不是超越了形骸等私我的限制。大人能以萬物爲一體，從而能視天下猶一家、中國猶一人；而小人則是間於形骸，分出你我。王陽明這裡所推崇的以萬物爲一體的大人，遠紹《易傳》和孟子、特別是程顥和陸九淵諸子的理論，與莊子和僧肇的萬物一體有著明顯的不同。

　　在陽明這裡，大人以萬物爲一體，不是通過理性認識得到的結論，也不是主觀臆想所得，而是一個本體論上的事實，「其心之仁」本來如此：

　　　　大人之能以天地萬物爲一體也，非意之也，其心之仁本若是，
　　其與天地萬物而爲一也，豈惟大人，雖小人之心亦莫不然，彼顧自
　　小之耳。〔註74〕

「其心之仁」能夠如此的根源在於，它是根植於天命之性的，這一點與陽明對於良知的體認是一致的，二者都有一個共同的天道論背景。

　　王陽明在《拔本塞源論》中指出：

　　　　夫聖人之心，以天地萬物爲一體，其視天下之人，無外內遠近，
　　凡有血氣，皆其昆弟赤子之親，莫不欲安全而教養之，以遂其萬物
　　一體之念。〔註75〕

〔註73〕《全集》卷26《大學問》。
〔註74〕《全集》卷26《大學問》。
〔註75〕《傳習錄》142。

他擔心人類會退化成野獸和野蠻人，也許在這方面只有聖人才能拯救人類。事實上，防止人類退化，這是聖人的最高責任。聖人的主要特點就是具有將萬物融合成一體的能力。如此，經歷三朝，所有的人都可以成爲聖人；而且在他們的心「間於有我之私，隔於物欲之蔽，大者以小，通者以塞」之前，他們是生活在一個和諧的社會裏；在這個社會裏，人們「人無異見，家無異習」，精細的勞動分工帶來繁榮昌盛，每個人都清楚自己所處的地位，而且，「無有聞見之雜，記誦之煩，辭章之靡濫，功利之馳驅」，社會的分工是有機的：

> 譬如一人之身，目視耳聽，手持足行，以濟一身之用，目不恥其無聰，而耳之所涉，目必營焉。足不恥其無執，而手之所探，足必前焉。蓋其元氣充周，血脈條暢，是以痒痾呼吸，感觸神應，有不言而喻之妙。〔註76〕

王陽明並沒有對人類退化現象即「王道」受阻、追求私欲的贅疣突然阻塞了聖人之道，做出令人滿意的解釋。但他抓住了造成人類退化的根本原因——陷入對一己私欲的追求。王陽明的理想社會指出，個人利益是自私的，是危害社會的，是毒害人類性格的，理想社會的作用將通過團結成一個整體的各位成員的活動而表現出來，爲個人利益學習知識是一種對時間的浪費。王陽明更關心的，不是理想社會在政治上的失落，而是理想社會在政治上的所得；後者激發了他的聖人般的使命感。人們的心靈可能受到毒害，但是「天理之在人心，終有所不可泯，而良知之明，萬古一日」。王陽明並且給出了拯救社會的方案——他的「心學」能夠拯救社會，只要「仁人志士」能長時間地沉思到足以恢復其「本心」，這個時候的「仁人志士」也就成爲王陽明所推崇的大人，也就是他所追求的聖人了。

四、一體之仁與理想社會

倫理修養的最終目的不是爲了確定抽象觀念，或者尋找關於自身幸福的思辨，而是確定出理性、人道、普遍的倫理原則，並在此原則下指導孕育出健康的政治社會生活。正是在這個意義上，王陽明的萬物一體之仁學說，並沒有僅僅局限於主體道德修養的範圍，而是承接了宋學自歐陽修以來的另一個傳統，與理想社會的構建結合起來，這是王陽明萬物一體之仁的一個顯著特點。

〔註76〕《傳習錄》142。

1、歐陽修對儒家烏托邦的描繪：禮樂達於天下

晚唐以及宋代的儒生與政治家中，有一種以前的世代所沒有的改革衝動。漢儒們多半皆給予經典的歷史記載以一種特殊的比喻性詮釋，以致他們在經典中看到的並不是一個至那時仍存在著的社會與政治秩序，而是一個未來的新烏托邦。宋代以及此後的儒者則剛好相反，對他們來說，孔子的「原是景象」是一個曾經存在過的完美的人間秩序，一個過去的烏托邦的瞥見以及體覺。〔註77〕

當時儒家學者對烏托邦的設計，不只是圍繞經典進行。歐陽修對烏托邦的設想，對此後的理學思想發揮了批判性的影響，其中展示並假設了一些理學家對人、社會以及國家的最基本的概念。

「自三代而上，治出於一，而禮樂達於天下。由三代而下，治出於二，而禮樂為虛名。」〔註78〕這是歐陽修在《新唐書·禮樂志》開頭就提出的判斷。緊接著他就對這一論斷的具體含義進行了解釋，所謂出於一，就是「凡民之事，莫不一出於禮」；所謂出於二，是指後世的統治者，「朝夕從事，則以簿書、獄訟、兵食為急，曰：『此為政也，所以治民。』至於三代禮樂，具其名物而藏於有司，時出而用之郊廟、朝廷，曰：『此為禮也，所以教民。』此所謂治出於二，而禮樂為虛名。」沒有發揮禮樂在社會治理中的核心作用，而「以簿書、獄訟、兵食為急」，把禮樂僅僅當成了在郊廟、朝廷等場合遵行的形式化的禮儀。

在歐陽修看來，在治出於一的三代，一切都按照禮樂的設計進行，這一制度對社會政治、經濟、以及社會生活的各個方面都進行了合理的設計，貫徹了徹底的人文主義精神，人們遵照禮樂制度生活，物質需求得到了滿足，精神需求得到了提升，「不用力乎南畝，則從事於禮樂之際，不在其家，則在乎庠序之間。耳聞目見，無非仁義〔禮〕樂而趣之，不知其倦。終身不見異物，又奚暇夫外慕哉？故曰雖有佛無由而入者，謂有此具也。」〔註79〕整個社會生活呈現出高度的自足和和諧。在這種情況下，即便有佛教，也不會在中國傳播和流行。

〔註77〕參見倪德衛：《儒家思想的實踐·導論》，臺北：商務印書館，1980年，頁3
　　　　～4。
〔註78〕《新唐書》卷11。
〔註79〕《歐陽修全集》卷17《本論》中。

三代而下，治出於二。禮樂對整個社會生活的指導不再具有核心作用，史書記載的禮樂制度，也只是專門家的學問。自漢以來，史官所記事物名數、降登揖讓、拜俯伏興之節，皆有司之事爾，所謂禮之末節也。大多數人甚至包括縉紳、大夫等，都是「習其器而不知其意，忘其本而存其末」，〔註80〕這種情況爲佛教的傳播提供了機會，「千有餘歲之間，佛之來者日益眾，吾之所爲者日益壞。」〔註81〕由此，歐陽修認爲，恢復儒學的正統地位，需要從根本入手，「若修其本以勝之」，所謂的本就是禮義，「然則禮義者，勝佛之本也。今一介之士知禮義者，尚能不爲之屈，使天下皆知禮義，則勝之矣。此自然之勢也。」〔註82〕

這一點對後世的儒者產生了重要影響，歐陽修對於儒家理想社會的設想和構建，成爲整個宋明理學的代表，理學家希望通過重建和恢復道統，來實現他們心目中的理想社會，並且由於各自時代背景的歧異和關注角度的不同，對理想人格進而對理想社會的設想也表現出微妙的不同。下面我們先嘗試討論王陽明從萬物一體之仁出發，對理想社會所做的構想（主要是對社會分工的論證）。

2、一體之仁關照下的社會分工

任何一個社會組織要存在下去，其內部必然有一套基本的價值觀來規範和協調人們的行爲、思想和利益，對社會分工特別要做出合理的說明。王陽明從萬物一體之仁的觀點出發，對社會分工進行了解釋：

> 蓋其心學純明，而有以全其萬物一體之仁，故其精神流貫，志氣通達，而無有乎人己之分，物我之間。譬之一人之身，目視、耳聽、手持、足行，以濟一身之用。目不恥其無聰，而耳之所涉，目必營焉；足不恥其無執，而手之所探，足必前焉。蓋其元氣充周，血脈條暢，是以痒疴呼吸，感觸神應，有不言而喻之妙。此聖人之學所以至易至簡，易知易從，學易能而才易成者，正以大端惟在復心體之同然，而知識技能非所與論也。〔註83〕

在這裡，王陽明提出了自己設想的理想社會，這個社會是建立在「心學純明，

〔註80〕《新唐書》卷11。
〔註81〕《歐陽修全集》卷17《本論》中。
〔註82〕《歐陽修全集》卷17《本論》中。
〔註83〕《傳習錄》142。

而有以全其萬物一體之仁」的基礎之上的。在「心學純明」的情況下，人的心思從對物質的關懷中解放了出來，致力於自己承當的社會角色，自覺地斬斷了「功利之毒」的誘惑，這個社會的分工是建立在才能的天然差別之上的。

這裡牽涉到社會存在的合法性基礎的問題。在王陽明看來，一個理想的社會應該建立在共同的道德追求上。確立合理社會秩序的關鍵在於恢復人人都有的本心，確立共同的道德理想，而不是僅僅關注利益的分配。心學純明是社會生活的「前契約」條件，前者決定了後者的結構和運轉。

正是在這個意義上，王陽明宣稱四民平等：

> 古者四民異業而同道，其盡心焉，一也。士以修治，農以具養，工以利器，商以通貨，各就其資之所近，力之所及者而業焉，以求盡其心。其歸要在於有益於生人之道，則一而已。士農以其盡心於修治具養者而利器通貨，猶其士與農也。工商以其盡心於利器通貨者而修治具養，猶其工與商也。故曰，四民異顯而同道。……自王道熄而學術乖，人失其心，交鶩於利，以相驅軼，於是始有歆士而卑農，榮宦遊而恥工賈。夷考其實，射時罔利有甚焉，特異其名耳。〔註84〕

在王陽明看來，四民的差異僅僅在於職業。士農以盡心於本職的態度從事「修治具養」，客觀上就達到了「利器通貨」的效果；工商以盡心於本職的態度從事「利器通貨」，客觀上就達到了「修治具養」的效果。如果四民能夠盡其心於自己的職業，必然都有益於生民，都爲社會共同體的延續與繁榮做出了貢獻，彼此之間並沒有貴賤高下之分，都可以稱爲聖賢。

但如果缺乏心學純明這一必要條件，則整個社會將由於缺乏道德理想而陷入病態：

> 霸者之徒，竊取先王之近似者，假之於外，以內濟其私己之欲。天下靡然而宗之，聖人之道遂以蕪塞，相仿相效，日求所以富強之說，傾詐之謀，攻伐之計，一切欺天罔人，苟一時之得，以獵取聲利之術，若管、商、蘇、張之屬者，至不可名數。既其久也，鬥爭劫奪，不勝其禍，斯人淪於禽獸夷狄，而霸術亦有所不能行矣。〔註85〕

這種病態社會的成員，都陷入了對一己私欲的追求之中。個人的價值被等同

〔註84〕《全集》卷25《節庵方公墓表》。
〔註85〕《傳習錄》143。

於私欲的滿足，或者是所謂利益和權力的攫取。功利之毒的侵入，妨礙了對自身所從事的職業本身所具有的人文價值和道德含義的領會，人們無法從職業本身獲得意義，相反把這一點寄託在更高職位的謀求上，他們貪求他人之德、他人之位，每個人都在竭力擴大自己的所謂利益：

> 功利之毒淪浹於人之心髓，而習以成性也幾千年矣，相矜以知，相軋以勢，相爭以利，相高以技能，相取以聲譽。其出而仕也，理錢穀者則欲兼夫兵刑，典禮樂者又欲與於銓軸，處郡縣則思藩臬之高，居臺諫則望宰執之要。〔註86〕

> 希淵問：「聖人可學而至。然伯夷、伊尹於孔子，才力終不同，其同謂之聖者安在？」先生曰：「聖人之所以為聖，只是其心純乎天理，而無人欲之雜。猶精金之所以為精，但以其成色足而無銅鉛之雜也。人到純乎天理方是聖，金到足色方是精。然聖人之才力亦有大小不同，猶金之分兩有輕重。堯、舜猶萬鎰，文王、孔子猶九千鎰，禹、湯、武王猶七八千鎰，伯夷、伊尹猶四五千鎰。才力不同而純乎天理則同，皆可謂之聖人。猶分兩雖不同，而足色則同，皆可謂之精金。以五千鎰者而入於萬鎰之中，其足色同也。以夷、尹而廁之堯、孔之間，其純乎天理同也。蓋所以為精金者，在足色而不在分兩。所以為聖者，在純乎天理而不在才力也。故雖凡人而肯為學，使此心純乎天理，則亦可為聖人。猶一兩之金比之萬鎰，分兩雖懸絕，而其到足色處可以無愧。故曰『人皆可以為堯、舜』者以此。學者學聖人，不過是去人欲而存天理耳，猶煉金而求其足色。金之成色，所爭不多則煅煉之工省而功易成，成色愈下則煅煉愈難。人之氣質清濁粹駁，有中人以上，中人以下，其於道有生知安行，學知利行，其下者必須人一己百，人十己千，及其成功則一。後世不知作聖之本是純乎天理，卻專去知識才能上求聖人。以為聖人無所不知，無所不能，我須是將聖人許多知識才能逐一理會始得。故不務去天理上著工夫，徒弊精竭力，從冊子上鑽研，名物上考索，形迹上比擬，知識愈廣而人欲愈滋，才力愈多而天理愈蔽。正如見人有萬鎰精金，不務煅煉成色，求無愧於彼之精純，而乃妄希分兩，

〔註86〕《傳習錄》143。

務同彼之萬鎰，錫鉛銅鐵，雜然而投。分兩愈增而成色愈下，旣其梢末，無復有金矣。」〔註87〕

德章曰：「聞先生以精金喻聖，以分兩喻聖人之分量，以煆煉喻學者之工夫，最爲深切。惟謂堯舜爲萬鎰孔子爲九千鎰，疑未安」。先生曰：「此又是軀殼上起念，故替聖人爭分兩。若不從軀殼上起念，即知堯舜萬鎰不爲多，孔子九千鎰不爲少。堯舜萬鎰，只是孔子的。孔子九千鎰只是堯舜的，原無彼我，所以謂之聖。只論精一，不論多寡。只要此心純乎天理處同，便同謂之聖。若是力量氣魄，如何盡同得？後儒只在分兩上較量，所以流入功利。若除去了比較分兩的心，各人儘著自己力量精神，只在此心純天理上用功，即人人自有，個個圓成，便能大以成大，小以成小，不假外慕，無不具足。此便是實實落落明善誠身的事。後儒不明聖學，不知就自己心地良知良能上體認擴充，卻去求知其所不知，求能其所不能，一味只是希高慕大；不知自己是桀紂心地，動輒要做堯舜事業，如何做得？終年碌碌，至於老死，竟不知成就了個甚麼，可哀也已。」〔註88〕

錢穆在《陽明學述要》中指出，

這兩節從良知見地，闡發人類最高可能的平等性，以及爲人群分工服務的個別的自由性，實爲拔本塞源論的骨子，爰特備錄以資參考。至於知識才能，講良知的人，並非加以抹殺不去理會；只要教人各就自己分量盡力，不做分外希慕，不爲功利借資。把莊老逍遙、齊物的見解，來補孔孟盡性知命的精誼，這是千古大議論，講究王學的人，不要輕易看過。〔註89〕

王陽明一方面認爲心體有同然，另方面又承認才能有差異，在這個基礎上構建的社會分工是有機的分工。實現這一有機分工的第一步，是推行教育：

唐、虞、三代之世，教者惟以此爲教，而學者惟以此爲學。……下至閭井田野，農、工、商、賈之賤，莫不皆有是學，而惟以成其德行爲務。……學校之中，惟以成德爲事。而才能之異或有長於禮樂，長於政教，長於水土播植者，則就其成德，而因使益精其能於

〔註87〕《傳習錄》99。
〔註88〕《傳習錄》107。
〔註89〕《錢賓四先生全集》卷10，臺北：臺灣聯經出版公司，1998年，頁92。

　　學校之中。〔註90〕

但是在現實中，不同的學派興起，浮誇風和表現爲校勘、記誦和詞藻華麗的文章的形式主義橫行，對推行三代之教構成了莫大的障礙，「世之學者，如入百戲之場」，因而，「功利之毒，淪浹於人之心髓，而習以成性也」。

　　社會上不同的人將因爲「心學純明」、發揮共有的良知而統一起來，人與萬物之間，無論是有知覺的鳥獸、有生意的草木，還是瓦石之類，都基於同樣的理由而統一起來：

　　　　見鳥獸之哀鳴觳觫，而必有不忍之心焉，是其仁之與鳥獸而爲一體也；鳥獸猶有知覺者也，見草木之摧折而必有憫恤之心焉，是其仁之與草木而爲一體也；草木猶有生意者也，見瓦石之毀壞而必有顧惜之心焉，是其仁之與瓦石而爲一體也；是其一體之仁也，雖小人之心亦必有之。是乃根於天命之性，而自然靈昭不昧者也，是故謂之「明德」。〔註91〕

如此做到「一體之仁」之後，人與人之間、人與一切存在之間，能夠做到相親相愛、相互關懷，「君臣也，夫婦也，朋友也，以至於山川鬼神鳥獸草木也，莫不實有以親之，以達吾一體之仁，然後吾之明德始無不明，而眞能以天地萬物爲一體矣。」〔註92〕

　　值得注意的是，在王陽明看來，造成「人己之分、物我之間」的原因在於「知識技能」，也就是說，「知識技能」對社會分工構成了威脅。與此相關聯的是，柏拉圖在《理想國》中也對社會分工構成威脅的因素進行了探討。在柏拉圖看來，對社會分工構成威脅的主要因素在於知識技能的缺乏。實現社會統一的主要途徑在於專業化的道路。這是王陽明與柏拉圖，也是中國思想與西方哲學的一個很大的不同。

　　相對於知識技能，王陽明更強調道德的地位和作用，主張以道德指導和駕馭知識。一般來說，知識可以用來爲善，也可以用來爲惡。在這種情況下，強調道德修養就十分必要。道德修養確立內在的德性，從而對知識的運用產生制約。如果缺乏內在的德性，沒有確立道德的優先地位，則「知識之多，適以行其惡也；聞見之博，適以肆其辨也；辭章之富，適以飾其

〔註90〕《傳習錄》142。
〔註91〕《全集》卷26《大學問》。
〔註92〕《全集》卷26《大學問》。

僞也。」〔註93〕所以王陽明強調，理想的社會應該建立在道德完善的基礎上，這樣知識技能才會發揮好的作用，就知識技能本身來說，是沒有獨立的地位的。

〔註93〕《傳習錄》143。

結語：王陽明思想再評價

　　可以看出，成聖問題是貫穿王陽明一生的核心問題，圍繞成聖之道，王陽明進行了堅苦卓絕的探索，並且取得了豐富的成果。評價王陽明思想，需要聯繫這一核心問題進行。通過前面的分析，我們可以看到，王陽明思想有過程性、平等性、啓蒙性等特點，同時具有極端的道德價值本位立場和唯意志論色彩。

主體性

　　理學是由於佛道的刺激，在著力克服漢儒學術中十分明顯的神學色彩的過程中產生發展的，這一過程可以說是理性不斷高揚的過程。但是隨著天理的片面發展，理學逐漸由迷信的對立面演變成人的對立面，這一點在朱熹後學中表現得十分突出。天理的具文化、抽象化，掩蓋了人的道德主體地位，也使天理本身喪失了生命。人儘管被認爲是「天地之心」，卻必須服從普遍的、純粹的天理以及作爲天理之體現者的世界，在這種情況下，人所遵循的是缺乏現實生命力的教條道德。

　　王陽明扭轉了學術發展的方向，重新確立了人的主體地位。以成聖之道爲例，王陽明強調的是「吾性自足」「自有擔當」，主體自身能夠自我完備、自我實現，不必如朱子所主張的，需要經過格物致知的複雜路徑。主體本身就是自由的，對於它是沒有什麼法度的，著名的四句教所謂的「無善無惡心之體」就明白地表達了這一層含義。主體自身是積極生成的存在，本身就有自我規正的能力，成聖的功夫因此就只在於「復心之本體」，而並非借助於外在的知識或者權威，這表現出了強烈的主體精神。王陽明教人自尊無畏，不

盲從外在權威──哪怕是儒家的聖賢。他曾經說過這樣一段很有分量的話，「夫學貴得之心。求之於心而非也，雖其言之出於孔子，不敢以爲是也，而況其末及孔子者乎？求之於心而是也，雖其言之出於庸常，不敢以爲非也，而況其出於孔子者乎？」〔註1〕表現出可貴而強烈的自主精神。

過程性

強調關係，強調在具體的情境、具體的關係中展開的理，與具體的事物聯繫在一起的理，而不是強調抽象的理，這是王陽明思想的一大特色。以「心即理」爲例，王陽明強調，心外無理，理的顯現，不能脫離開作爲主體的心，更不能脫離開它與外部世界的關係，理本身不是自足的，對理的理解，需要參照其他事物。比如「忠」、「孝」等具體的理，都是在「事父」、「事親」的過程中體現出來的。離開了「父」、「親」等具體的對象，離開了「事父」、「事親」的具體過程，也就無所謂「忠」、「孝」了，理的本質就在於其具體的活動過程中。這樣的結果是，事即理，價值存在於具體的事實中，存在成爲積極的生成的存在，消解了是與應當之間的抽象對立。進而言之，心即理，不是應當決定存在，而是存在決定應當。王陽明認爲，人的生存就是一次又一次的實現和超越自我，只有在具體的選擇和挑戰中才能成就自我，享有充實而美好的人生。由此，王陽明強調實踐在成就德性中的決定作用，「致良知」不能懸空，成爲聖人不能單純依靠書本模擬彷彿，而是要落實到行動上。

與此相應的是，在王陽明思想中，價值與事實很好地結合在了一起。事實世界具有多樣性，給予價值世界以可能性；價值世界具有統一性，賦予事實世界以意義。對事實的確認與價值判斷以及行爲上的取捨是合一的。「知是行的主意，行是知的工夫。知是行之始。行是知之成。若會得時，只說一個知，已自有行在。只說一個行，已自有知在。」〔註2〕

啓蒙性

王陽明敢於向權威挑戰，對個體精神給予了高度肯定。「心即理」命題強調在具體的個體心之外不存在天理，肯定了人心皆具天理，人認識天理不需要經過繁瑣的工夫。個人先天就有的心就是判斷是非的標準，這就否定了外

〔註1〕 《傳習錄》173。
〔註2〕 《傳習錄》5。

在「理」，也否定了外在的權威和經典的無上地位，確立了主體的崇高地位，這一點突出地反映了王陽明思想的啓蒙性特點。

焦循在《良知論》中指出：

> 數百年來，人宗紫陽。自陽明表彰陸氏，而良知之學復與朱子相敵。適年講漢儒之學者，又以朱、陸、王並斥而歸諸佛老。余謂紫陽之學，所以教天下之君子；陽明之學，所以教天下小人。紫陽之學用之於泰寬平裕，足以爲良相；陽明之學用之於倉卒苟且，足以成大功。……至若行其所當然，復窮其所以然，誦習乎經史之文、講求乎性命之本，此惟一二讀書之士能之，未可執顓愚頑梗者而強之也。良知者，良心之謂也。雖愚不肖不能讀書之人，有以感發，無不動者。……余讀文成全集，至檄利頭，諭頑民、箚安宣慰及所以與屬官謀告士卒者，無浮辭，無激言，真能以己之良心感動人之良心。……當是時，從容坐論，告之以窮理盡性之學、語之以許鄭訓詁之旨，可乎？[註3]

儘管囿於傳統，焦循只能以倫理綱常爲「體」而視一切理論學說爲「用」，但他據「時行」之義而肯認陽明心學有可以感化「小人」之用，且能在「倉卒苟且」之時「成大功」，這一評價最明顯地表達了王陽明思想所具有的平等性的特點。王陽明提出聖凡平等的觀念，在他看來，凡人與聖人之間沒有不可逾越的鴻溝，人人皆有良知，強調每個人都具備成聖的潛質，每個人內在的良知而非現成的聖人是成聖的根據和依靠，這打破了傳統儒學中聖人只限於士階層的觀點，取消了傳統的聖人與「匹夫匹婦」之間的先天界限，確立了「滿街都是聖人」、「人人皆可以爲堯舜」的觀點，表現出強烈的近代氣息。

同時，王陽明提出四民同德的理論，反對輕視商人，主張士農工商都是社會需要的，其間並無高下之分，對工商業者給予了充分的肯定，對世俗的物質生活給予了肯定，肯定了情感和欲望的地位和作用，爲「欲」和「私」進入「理」獲得合法性開闢了道路。王陽明強調，「與匹夫匹婦同的是同德，與匹夫匹婦異的是異端」，肯定了匹夫匹婦價值觀的合理性。這一切都表現出了強烈的啓蒙色彩。

〔註 3〕《雕菰集》卷 8。

道德價值本位立場

王陽明把聖人觀念徹底道德化，體現出了極端道德價值中心或道德價值本位的立場，從而使得知識沒有獨立的價值和地位。王陽明說「大凡人只是此心」〔註4〕，肯定了人先天的具有成聖的可能性。只要用「日漸工夫」，消除私欲的蒙蔽，恢復本有的良知，自然能夠成為聖人。在陽明這裡，為學過程倫理化，道德價值優先甚至成為唯一的價值，知識技能沒有獨立的地位，見聞知識的堆積和泛濫的欲望一起，構成了道德良心的障礙，造成了本心的蒙蔽，構成了對成聖追求的障礙，「記誦之廣，適以長其敖也；知識之多，適以行其惡也；聞見之博，適以肆其辨也；辭章之富，適以飾其偽也」〔註5〕，對知識的追求妨礙了成聖的實現。最典型地表現陽明這一態度的是他與殘疾人楊茂的對話：「你口不能言是非，省了多少閒是非；你耳不能聽是非，省了多少閒是非。凡說是非，便生是非，生煩惱；聽是非，便添是非，添煩惱。你口不能說，你耳不能聽，省了多少閒是非，省了多少閒煩惱，你比別人到快活自在了許多。我如今教你但終日行你的心，不消口裏說；但終日聽你的心，不消耳裏聽。」〔註6〕可以看出，這裡所謂的「閒是非」、「閒煩惱」就是來自於見聞的知識，在陽明，這些知識與來自心的道德知識是決然對立的。楊茂聾且啞的生理條件，使他能夠從聽說中解放出來，不必糾纏於「閒是非」、「閒煩惱」，反而成為他成聖的便利條件。

實際上，人的道德觀念不是天生的，一成不變的。在道德領域，良心固然重要，但是沒有從孩提時代即開始的對道德律令的學習，良心又如何培養得起來呢？自覺能動性是人類創造力的源泉，但是把這個方面誇張過頭，不注意學習掌握知識，道德觀念的樹立就成為一句空話。實際上，不同的社會共同體所推行的道德標準是不同的，同一共同體在不同時間奉行的道德標準也不盡一致。準此而言，知識技能對於道德觀念的確立，有著不可替代的作用。同時，陽明將知識與道德對立起來，這使得純粹的知識興趣毫無價值可言，在很大程度上妨礙了人的精神的全面發展。相對於孟子「仁且智」的聖人觀，這不能不說是一種倒退。

〔註4〕《全集》卷24《諭泰和楊茂》。
〔註5〕《傳習錄》143。
〔註6〕《全集》卷24《諭泰和楊茂》。

唯意志論色彩

　　唯意志論的色彩是儒家心學的一個傳統，從孟子的浩然之氣，到陸九淵、王陽明，唯意志論的色彩十分鮮明。特別是王陽明，章太炎講「王學豈有他長？亦曰『自尊無畏而已』」〔註7〕，「文成之術，非貴其能從政也，貴乎敢直其身、敢行其意也」〔註8〕，指出了王學強調突出意志的特點。這裡的意志不只是對於認識活動具有意義，更重要的是對於人的存在與完善具有意義。由強調意志的活動性、自決性和非實體性，進而確立了主體的創造性、能動性和不受任何約束的絕對自由，這是真正道德形成的前提。從這個意義上說，與朱熹試圖解決道德踐履中的自覺問題一樣，王陽明試圖解決道德踐履中的自願問題，並且在解決這一問題上取得了一定的效果。〔註9〕

　　以成聖為例，成聖的根本動力在於主體追求自身完善的意志。人的意志不計成敗，不計榮辱，對自我的完善有著不懈的追求，這樣誠意與致良知等工夫才能發揮作用。由於意志的作用，人才探索發展出工具性價值，「此心若無人欲，純是天理，是個誠於孝親的心，冬時自然思量父母的寒，便自要求個溫的道理；夏時自然思量父母的熱，便自要求個清的道理。」〔註10〕

　　總之，王陽明的思想高揚了人的主體性，敢於向權威挑戰，在關係而非實體中把握理，一定程度上表現出反本質主義的傾向，同時又具有極端的道德價值本位立場和強烈的唯意志論色彩，這些特徵綜合起來，在極大地推動著人們去實現自身價值，去成就自我的同時，忽略了道德之外的其他精神活動的開展與完善。他所提倡的在「日用」處下功夫，對泰州學派「百姓日用即道」的命題產生了重要影響，這一命題的提出，在過程上將聖凡置於對等的地位，所倡導的是一種平民主義的價值觀。綜合以上幾個方面可以說，王陽明在後世產生了經久不衰的影響，他是中國近世啟蒙思想的先導。

〔註7〕《章太炎全集》四，頁369。
〔註8〕《章太炎全集》三，頁461。
〔註9〕參見胡永中：《致良知論：王陽明去惡思想研究》，成都：巴蜀書社，2007年。
〔註10〕《傳習錄》3。

參考文獻

B

1. 畢誠，儒學的轉折〔M〕，北京：教育科學出版社，1992 年。

C

1. 蔡仁厚，王陽明哲學〔M〕，臺北：三民書局，1983 年。

2. 陳多旭，教化與工夫——工夫論視域中的陽明心學系統〔D〕，北京師範大學博士學位論文，2007 年。

3. 禪宗語錄彙編〔M〕，大正藏本，上海：上海古籍出版社，1993 年。

4. （宋）程顥、程頤撰，二程集（王孝魚點校）〔M〕，北京：中華書局，1981年。

5. （明）陳獻章撰，陳獻章集（孫通海點校）〔M〕，北京：中華書局，1987年。

6. （明）陳建，學蔀通辨〔M〕，正誼堂本。

7. 陳來，有無之境〔M〕，北京：人民出版社，1991 年。

8. 陳來，朱子書信編年考證〔M〕，上海：上海人民出版社，1989 年。

9. 陳榮捷，傳習錄詳注集評〔M〕，臺北：學生書局，1984 年。

10. 陳榮捷，王陽明與禪〔M〕，臺北：學生書局，1984 年。

11. 陳俊民，張載〈西銘〉理想論〔J〕，陝西師範大學學報，1983 年，2A。

12. 陳來，王陽明哲學的心物論〔J〕，哲學研究，1990 年，3A。

13. 陳立勝，「聖人有過」：王陽明聖人論的一個面向〔J〕，學術研究，2004年，4A。

14. 陳泉，王陽明聖人觀的平民化傾向及其政治原因〔J〕，重慶師院學報，

2000 年，1A。

D

1. 大田堯，把自然還給孩子〔M〕，北京：商務印書館，2006 年。
2. （日）島田虔次，朱子學與陽明學〔M〕，西安：陝西師大出版社，1986 年。
3. （日）島田虔次，中國近代思維的挫折〔M〕，南京：江蘇人民出版社，2005 年。
4. 鄧艾民，朱熹王守仁哲學研究〔M〕，上海：華東師大出版社，1993 年。
5. 鄧艾民，傳習錄注疏〔M〕，臺北：佛光出版社，2000 年。
6. 丁福保，佛學大辭典〔M〕，北京：文物出版社，2002 年。
7. 丁　易，明代特務統治〔M〕，北京：群眾出版社，1983 年。
8. 狄百瑞，中國的自由傳統〔M〕，香港：香港中文大學出版社，1983 年。
9. 狄百瑞，東亞文明：五個階段的對話〔M〕，南京：江蘇人民出版社，1996 年。
10. 杜繼文、魏道儒，中國禪宗通史〔M〕，南京：江蘇人民出版社，2007 年。
11. 杜維明，人性與自我修養〔M〕，北京：中國和平出版社，1988 年。
12. 杜維明，杜維明文集（郭齊勇等編）〔M〕，武漢：武漢出版社，2002 年。

F

1. 范壽康，中國哲學史通論〔M〕，上海：開明書店，1936 年。
2. 范立舟，宋代理學與中國傳統歷史觀念〔M〕，西安：陝西人民出版社，2003 年。
3. 方光華，中國學術思想史論稿〔M〕，西安：陝西人民出版社，2002 年。
4. 方爾加，王陽明心學研究〔M〕，長沙：湖南教育出版社，1989 年。
5. 方爾加，關於陽明心學的研究方法〔J〕，中國哲學史，2003 年，2A。
6. 方國根，湛若水心學思想的理論特色——兼論湛若水與陳獻章、王陽明心學的異同〔J〕，哲學研究，2000 年，10A。
7. 方旭東，同情的限度——王陽明萬物一體說的哲學詮釋〔J〕，浙江社會科學，2007 年，2A。
8. 馮友蘭，中國哲學史〔M〕，北京：商務印書館，1934 年。
9. 馮友蘭，中國哲學史新編〔M〕，北京：人民出版社，1999 年。
10. 馮達文，宋明新儒學略論〔M〕，廣州：廣東人民出版社，1997 年。

11. 費爾巴哈，基督教的本質〔M〕，北京：商務印書館，1984 年。

12.（德）費迪南‧費爾曼，生命哲學〔M〕，北京：華夏出版社，2000 年。

G

1.（日）岡田武彥，王陽明與明末儒學〔M〕，上海：上海古籍出版社，2000 年。

H

1. 賀麟，近代唯心論簡釋〔M〕，重慶：獨立出版社，1943 年。

2.（明）黃琯，明道編（劉厚祐、張豈之標點）〔M〕，北京：中華書局，1959 年。

3.（明）黃宗羲，黃宗羲全集（吳光等編校）〔M〕，杭州：浙江古籍出版社，2005 年。

4. 黃俊傑，中國孟學詮釋史論〔M〕，北京：社會科學文獻出版社，2004 年。

5. 侯外廬等，中國思想通史，第四卷〔M〕，北京：人民出版社，1960 年。

6. 侯外廬等主編，宋明理學史（上、下）〔M〕，北京：人民出版社，1984 年／1987 年。

7. 侯外廬，韌的追求〔M〕，北京：三聯書店，1985 年。

8.（美）懷特海，過程與實在（周邦憲譯）〔M〕，貴陽：貴州人民出版社，2006 年。

9. 胡哲敷，陸王哲學辨微〔M〕，上海：中華書局，1930 年。

10. 胡永中，致良知論──王陽明去惡思想研究〔M〕，成都：巴蜀書社，2007 年。

11. 黃信二，王陽明致良知方法論之研究〔M〕，臺北：文史哲出版社，2006 年。

12.（日）荒木見悟，佛教與儒教（杜勤等譯）〔M〕鄭州：中州古籍出版社，2005 年。

13.（日）荒木見悟，心學與理學〔J〕，復旦學報，1998 年，5A。

14. 慧能，壇經（郭朋校釋）〔M〕，北京：中華書局，1983 年。

J

1. 嵇文甫，左派王學〔M〕，重慶：商務印書館，1944 年。

2. 嵇文甫，晚明思想史論〔M〕，重慶：商務印書館，1944 年。

3. 賈豐臻，陽明學〔M〕，上海：商務印書館，1930 年。

4.（清）焦循,孟子正義（沈文倬點校）〔M〕,北京:中華書局,1987 年。

5.（清）焦循,《雕菰集》〔M〕,叢書集成初編本。

K

1. 柯林伍德,柯林伍德自傳（陳靜譯）〔M〕,北京:北京大學出版社,2005 年。

2. 寬忍主編,佛學辭典〔M〕,中國國際廣播出版社、香港華文國際出版社,1993 年。

L

1. 勞思光,新編中國哲學史〔M〕,桂林:廣西師大出版社,2005 年。

2.（清）李光地,榕村語錄（陳祖武點校）〔M〕,北京:中華書局,1995 年。

3. 李煌明,宋明理學中的「孔顏之樂」問題〔M〕,昆明:雲南人民出版社,2006 年。

4. 李傑臣,王陽明朱熹格物觀差異之討論〔J〕,中國哲學史研究,1988 年,3A。

5. 李甦平,中日心學比較〔J〕,中國哲學史,1996 年,3A。

6. 梁啓超,飲冰室合集·文集〔M〕,上海:中華書局,1936 年。

7. 林月惠,一本與一體:儒家一體觀的意涵及其現代意義〔OL〕,中國論文下載中心（http://www.studa.net/）。

8. 劉宗周,劉宗周全集（吳光等編校）〔M〕,杭州:浙江古籍出版社,2007 年。

9. 劉宗賢,陸王心學研究〔M〕,濟南:山東人民出版社,1997 年。

10.（唐）陸德明撰,經典釋文〔M〕,上海:上海古籍出版社影印,1985 年。

11.（宋）陸九淵撰,陸九淵集（鍾哲點校）〔M〕,北京:中華書局,1980 年。

12.（明）羅欽順撰,困知錄〔M〕,成都:巴蜀書社,2002 年。

13. 呂澂,中國佛學源流略講〔M〕,北京:中華書局,1979 年。

14.（德）羅伯特·施佩曼,道德的基本概念〔M〕,上海:上海譯文出版社,2007 年。

M

1. 馬克思,1844 年經濟學——哲學手稿〔M〕,北京:人民出版社,1979 年。

2. （美）馬斯洛等，人的潛能和價值〔M〕，北京：華夏出版社，1987 年。

3. （美）馬斯洛，自我實現的人〔M〕，北京：三聯書店，1987 年。

4. （法）孟德斯鳩，論法的精神〔M〕，北京：商務印書館，1961 年。

5. 蒙培元，心靈超越與境界〔M〕，北京：人民出版社，1998 年。

6. 牟宗三，王陽明致良知教〔M〕，臺北：中央文物供應社，1980 年。

7. 牟宗三，心體與性體〔M〕，上海：上海古籍出版社，2000 年。

8. 牟宗三，從陸象山到劉蕺山〔M〕，上海：上海古籍出版社，2000 年。

9. 牟宗三，生命的學問〔M〕，桂林：廣西師範大學出版社，2005 年。

N

1. （美）倪德衛等，儒家思想的實踐〔M〕，臺北：商務印書館版社，1980 年。

2. （美）倪德衛，儒家之道〔M〕，南京：江蘇人民出版社，2005 年。

O

1. 歐陽修，歐陽修全集〔M〕，北京：中國書店，1992 年。

Q

1. 錢明，陽明學的形成與發展〔M〕，南京：江蘇古籍出版社，2002 年。

2. 錢明主編，陽明學新探〔M〕，杭州：中國美術學院出版社，2002 年。

3. 錢穆，王陽明〔M〕，重慶：商務印書館，1947 年。

4. 錢穆，錢賓四先生全集卷 10〔M〕，臺北：臺灣聯經出版公司，1998 年。

5. 秦家懿，王陽明〔M〕，臺北：東大圖書公司，1987 年。

6. 秦家懿，秦家懿自選集〔M〕，濟南：山東教育出版社，2005 年。

7. 卿希泰，中國道教思想史綱〔M〕，成都：四川人民出版社，1986 年。

8. （清）全祖望，全祖望集彙校集注（朱鑄禹校集注）〔C〕，上海：上海古籍出版社，2000 年。

R

1. 任繼愈主編，中國哲學史〔M〕，北京：人民出版社，1964 年。

2. 任繼愈，皓首學術隨筆——任繼愈卷〔M〕，北京：中華書局，2006 年。

3. 容肇祖，明代思想史〔M〕，濟南：齊魯書社，1992 年。

4. （清）阮元校疏，十三經注疏〔M〕，上海：上海古籍出版社影印，1997 年。

S

1. （明）施邦曜輯評，陽明先生集要〔M〕，北京：中華書局，2008 年。

2. 司馬遷，史記〔M〕，北京：中華書局，1986 年。

3. 沈善洪、王鳳賢，王陽明哲學研究〔M〕，杭州：浙江人民出版社，1981
   年。

4. 商傳，明代文化史〔M〕，上海：東方出版中心，2007 年。

5. 宋佩緯，王陽明與理學〔M〕，上海：商務印書館，1931 年。

T

1. 周敦頤，周敦頤集（陳克明點校）〔M〕，北京：中華書局，1990 年。

2. 湯用彤，魏晉玄學論稿〔M〕，北京：中華書局，1962 年。

3. 唐君毅，中國哲學原論・原道篇（上冊）〔M〕，北京：中國社會科學出
   版社，2006 年。

W

1. （明）王陽明，王陽明全集（吳光等編校）〔M〕，上海：上海古籍出版社，
   1992 年。

2. 王畿，王龍溪先生全集〔M〕，清道光二年莫晉刊本。

3. 王樹人，陽明心學與佛老〔J〕，中國社會科學院研究生院學報，1993 年，
   4A。

4. 王志成，試論王陽明和聖保祿的良知學說〔J〕，浙江學刊，1995 年，4A。

5. （奧）維特根斯坦著，哲學研究（李步樓譯）〔M〕，北京：商務印書館，
   1999 年。

6. 吳雁南，陽明學與近世中國〔M〕，貴陽：貴州教育出版社，1996 年。

7. 吳雁南，簡論王陽明「致良知」說的特點和意義〔J〕，貴州文史叢刊，
   1995 年，4A。

8. 武夷山朱熹研究中心編，朱子學新論〔C〕，上海：上海三聯書店，1991
   年。

X

1. 謝無量，陽明學派〔M〕，上海：中華書局，1926 年。

2. 謝揚舉，道家哲學之研究〔M〕，西安：陝西人民出版社，2003 年。

3. 解光宇，鵝湖之會：心學與理學的分野〔J〕，孔子研究，1999 年，2A。

4. （明）徐愛等，陽明後學文獻（錢明等編校）〔M〕，南京：鳳凰出版社，

2007 年。

5. 徐梵澄，陸王學述——一系精神哲學〔M〕，上海：上海遠東出版社，1994
年。

Y

1. 楊伯峻撰，論語譯注〔M〕，北京：中華書局，1980 年。
2. 楊伯峻撰，孟子譯注〔M〕，北京：中華書局，1980 年。
3. 楊國榮，心學之思〔M〕，北京：三聯出版社，1997 年。
4. 楊國榮，王學通論——從王陽明到熊十力〔M〕，上海：華東師大出版社，
2003 年。
5. 楊祖漢，論王陽明的聖人觀〔M〕，〔J〕，鵝湖學誌，1988 年，2A。
6. 葉朗，現代美學體系〔M〕，福州：福建人民出版社，1998 年。
7. 印順，中國禪宗史〔M〕，南昌：江西人民出版社，2007 年。
8. 余英時，宋明理學與政治文化〔M〕，長春：吉林出版集團有限責任公司，
2008 年。

Z

1. （宋）張伯端撰，悟眞篇淺解〔M〕，北京：中華書局，1997 年。
2. 張岱年等，中國觀念史〔M〕，鄭州：中州古籍出版社，2005 年。
3. 張灝，幽暗意識與民主傳統〔M〕，北京：新星出版社，2006 年。
4. 張豈之主編，中國思想史〔M〕，西安：西北大學出版社，1989 年。
5. 張豈之主編，中國儒學思想史〔M〕，西安：陝西人民出版社，1990 年。
6. 張豈之，儒學理學實學新學〔M〕，西安：陝西人民教育出版社，1994
年。
7. 張豈之主編，中國思想學說史〔M〕，桂林：廣西師範大學出版社，2006
年。
8. 張豈之，中華人文精神（增訂本）〔M〕，西安：陝西人民出版社，2007
年。
9. 張豈之，歷史唯物論與中國思想史研究〔J〕，《歷史研究》，2007 年，1A。
10. 張立文，論「大禮儀」與朱熹王陽明思想的衝突〔J〕，南昌大學學報，
1999 年，2A。
11. 張世英，天人之際〔M〕，北京：人民出版社，1995 年。
12. 張世英，進入澄明之境——海德格爾與王陽明之比較研究〔J〕，學術月
刊，1997 年，1A。

13. 張君勱著，江日新譯，王陽明〔M〕，臺北：東大圖書公司出版，1991年。

14. 張祥浩，王守仁評傳〔M〕，南京：南京大學出版社，1997年。

15. 張家成、李班，論宋明理學的修養方法〔J〕，浙江大學學報，1997年，3A。

16. 張學智，心學論集〔M〕，北京：中國社會科學出版社，2006年。

17. 張學智，明代哲學史〔M〕，北京：北京大學出版社，2000年。

18. 張躍，唐代後期儒學〔M〕，上海：上海人民出版社，1994年。

19. （明）湛若水撰，甘泉集〔M〕，四部備要本。

20. （宋）張載撰，張載集（章錫琛點校）〔M〕，北京：中華書局，1978年。

21. 張再林，胡塞爾的意向性理論與王陽明的「意」的學說〔J〕，青海社會科學，1997年，4A。

22. （清）章學誠，文史通義（葉瑛校注）〔M〕，北京：中華書局，1985年。

23. （清）張廷玉等撰，明史（縮印本）〔M〕，北京：中華書局，1997年。

24. （宋）趙順孫，大學纂疏〔M〕，上海：華東師範大學出版社，1992年。

25. 趙海麗，王陽明「山中觀花」說正義〔J〕，南京師範大學文學院學報，2005年，4A。

26. （宋）賾藏主編集，古尊宿語錄〔C〕，北京：中華書局，1994年。

27. 鄭仁在、黃俊傑主編，韓國江華陽明學研究論集〔C〕上海：華東師大出版社，2008年。

28. 鍾彩鈞，王陽明思想之進展〔M〕，臺北：文史哲出版社，1993年。

29. 衷爾鉅，從〈大學古本序〉的兩種文本看王陽明心學的形成過程〔J〕，文史哲，1992年，3A。

30. 鄒廣文、崔唯航，從現成到生成〔J〕，清華大學學報，2003年，2A。

31. （宋）朱熹撰，四書集注〔M〕，濟南：齊魯書社，1992年。

32. （宋）朱熹撰，四書或問〔M〕，上海：上海古籍出版社，2001年。

33. （宋）朱熹，朱子語類（黎靖德編）〔M〕，北京：中華書局，1994年。